빅보스
왕초보
독일어회화

Language Books

빅보스
왕초보
독일어회화

초판 1쇄 발행 2018년 7월 20일
초판 1쇄 인쇄 2018년 7월 10일

지은이	김보형
기획	김은경
편집	이지영
디자인	IndigoBlue

발행인	조경아
발행처	랭귀지북스
주소	서울시 마포구 포은로2나길 31 벨라비스타 208호
전화	02.406.0047
팩스	02.406.0042
홈페이지	www.languagebooks.co.kr
이메일	languagebooks@hanmail.net
등록번호	101-90-85278 **등록일자** 2008년 7월 10일

ISBN 979-11-5635-082-8 (13750)
값 16,000원
ⓒLanguageBooks, 2018

이 책은 저작권법에 따라 보호받는 저작물이므로 무단 전재와 무단 복제를 금지하며,
이 책 내용의 전부 또는 일부를 이용하려면 반드시 저작권자와 **랭귀지북스**의 서면 동의를 받아야 합니다.
잘못된 책은 구입처에서 바꿔 드립니다.

이 도서의 국립중앙도서관 출판예정도서목록(CIP)은 서지정보유통지원시스템 홈페이지(http://seoji.nl.go.kr)와
국가자료공동목록시스템(http://www.nl.go.kr/kolisnet)에서 이용하실 수 있습니다. (CIP제어번호 : CIP2018018308)

빅보스
왕초보
독일어회화

Language Books

Das Vorwort 머리말

한눈에 쏙 들어오는 큰글씨로 구성된 **〈빅보스 왕초보 독일어회화〉**는 일상에서 쓸 수 있는 독일어회화만을 담았습니다. 독일은 EU(유럽연합)의 강국 중 하나이자 핵심 국가로, 학문과 과학이 발달하였고 세계적으로 유명한 기업들이 자리 잡고 있습니다. 그래서 많은 사람들이 독일로 취업이나 유학을 준비하다 보니, 독일어의 중요성과 인기도 높아지고 있습니다. 그러나 생소하고 복잡한 문법 때문에 독일어 공부에 도전했다가 포기하는 학습자가 많습니다.

그런 분들을 위해 **〈빅보스 왕초보 독일어회화〉**는 독일 해외여행 및 출장, 어학연수, 유학, 이민에 필요한 모든 독일어 회화를 소개합니다. 당신의 독일어 실력을 '크게' 성장시킬 이 책으로, 이제 당신도 독일어 빅보스가 될 수 있습니다.

김보형

Eigenschaften des Buches 이 책의 특징

● 독일어 글씨가 한눈에!

독일어 공부 자체도 어려운데, 작고 빽빽한 독일어 글씨에 지친 학습자를 위한 '큰글씨' 독일어회화 책입니다. 한눈에 보여서 쉽고, 독일 사람들과 바로 통하는 표현들만 있어 더 쉽게 다가오는 이 책으로 이제 막힘없이 독일어를 말해 보세요.

● 독일어 표현이 한눈에!

왕초보에서 초·중급까지 모두에게 필요한 독일어가 여기에 있습니다. 인사, 일상생활, 여행, 쇼핑 등 언제 어디서든 쓸 수 있는 상황 표현들로 구성했습니다. 이제까지 보디랭귀지와 단어 나열로 상황을 모면했다면, 지금부터는 이 책에서 공부한 표현들로 마음껏 이야기해 보세요.

● 독일어 발음이 한눈에!

왕초보도 독일어를 쉽게 읽을 수 있도록 원어민 발음에 최대한 가까운 한글 발음을 각 표현 밑에 표기했습니다. 단어와 단어 사이가 연음되는 부분까지 세심히 체크하여 반영한 한글 표기를 따라 읽고 제공되는 MP3를 비교해 들으면서 자신 있게 현지 발음을 구사해 보세요.

Free **MP3** Download
blog.naver.com/languagebook

● 독일어 알파벳

1. 알파벳 Alphabet 알파벹

MP3. K00

독일어는 26개의 기본 알파벳으로 구성되며, 여기에 Umlaut 움믈라웉 이라는 철자 부호 ' ¨ '가 붙은 변모음 3개와 [씨] 소리가 나는 독일 특유의 자음 ß 에쓰쩰이 있어요.

A/a 아	B/b 베	C/c 체
Apfel 앞프흘 사과	**B**ier 비어 맥주	**C**ent 쎈트 센트
D/d 데	E/e 에	F/f 에프
Dame 다므 부인	**E**ssen 에쓴 식사	**F**rau 프흐아우 여자, 아내
G/g 게	H/h 하	I/i 이
Gabel 가블 포크	**H**aus 하우쓰 집	**I**dee 이데 아이디어

J/j 요트	K/k 카	L/l 엘
Jacke 약크 재킷	**K**arte 카트 카드	**L**iebe 리브 사랑

M/m 엠	N/n 엔	O/o 오
Mutter 뭍터 엄마	**N**ase 나즈 코	**O**pa 오파 할아버지

P/p 페	Q/q 쿠	R/r 에흐
Palast 팔라스트 궁전	**Q**ualität 크브알리탵 품질	**R**egen 흐에근 비

S/s 에스	T/t 테	U/u 우
Saft 자픁 주스	**T**isch 티슈 책상, 식탁	**U**-Bahn 우반 지하철

V/v	W/w	X/x
파우	브에	엑쓰

Vater	**W**etter	**X**ylophon
프하터	브엘터	쓀로프혼
아빠	날씨	실로폰

Y/y	Z/z	ß
윕실론	쩨트	에스쩨트

Yacht	**Z**ebra	Fu**ß**
야흩	쩨브흐아	프후쓰
요트	얼룩말	발

Ä/ä	Ö/ö	Ü/ü
애	외	위

Ärger	**Ö**l	**Ü**bung
에어거	욀	위붕
불만, 화	기름	연습

2. 발음

(1) **A/a** 아는 '아'로 [ㅏ] 소리예요. 이중 모음 **Ä/ä** 애는 [ㅐ] 소리예요.

- äu 오이는 예외이며, ä 애와 u 우가 함께 äu 오이로 쓰일 때의 발음은 [오이]에요.

    📖 Apfel 압프흘 사과 / Ärger 에어거 불만, 화 / Bäume 보이므 나무들

(2) **B/b** 베는 '베'로 [ㅂ] 소리예요. 단, 단어의 마지막 글자일 경우 [ㅍ]로 발음돼요.

(3) **C/c** 체는 '체'라고 읽지만 함께하는 철자에 따라 발음이 달라져요.

    c 체가 e 에, i 이 앞에 올 경우에는 [ㅆ] 발음이며, a 아, o 오, u 우 앞에 올 경우에는 k 카와 같은 [ㅋ] 소리가 나요. 하지만 독일어에서 c 체로 시작하는 단어는 대부분 외래어예요.

    독일어 c 체는 대부분 h 하와 함께 ch 히 형태를 취하며 'suchen 주흔 (찾다)'처럼 모음 뒤에 와요(en 은은 동사의 어미이니 ch 히 앞의 u 우를 기준으로 발음해요). ch 히의 경우 e 에, i 이 뒤에 오면 [히] 소리가 나고, a 아, o 오, u 우 뒤에 올 경우 [흐] 소리가 나요.

    📖 Cent 쎈트 센트 / Cabrio 카브히오 오픈카 / Cousine 쿠지느 사촌 / suchen 주흔 찾다 / Sicht 지힡 시야, 관점 / Nacht 나흩 밤

(4) **D/d** 데는 '데'로 [ㄷ] 소리예요. 단, 음절 끝에 오면 [ㅌ]로 발음돼요.

    📖 Dame 다므 부인 / Deutschland 도이츄란ㅌ 독일 / Abend 아븐ㅌ 저녁, 밤

(5) **E/e** 에는 '에'로, 위치에 따라 단어의 첫 글자 또는 첫 모음으로
쓰일 때는 [ㅔ]로 발음되고, 단어의 마지막 음절에 올 때는 [ㅡ]로
발음돼요. e 에와 r 에르가 결합해 er 에어로 올 때, 음절의 맨 앞에
쓰이면 [에어]로 읽고 중간이나 마지막에 쓰이면 [ㅓ]로 읽어요.

- 예외로 e 에와 i 이가 함께 ei 아이로 쓰일 땐 [아이]라고 발음하고,
  e 에와 u 우가 함께 eu 오이로 쓰일 땐 [오이]라고 발음해요.

예 Essen 에쓴 음식 / Erinnerung 에어인너흐웅 기억, 추억 /
Eis 아이쓰 얼음, 아이스크림 / Eins 아인쓰 하나, 1 /
Eule 오일르 부엉이 / Euro 오이흐오 유로

(6) **F/f** 에프는 '에프'로 [ㅍ]와 [ㅎ] 중간 소리예요.
그래서 이 책에서는 [프ㅎ]로 표기했어요.

예 Fabel 프하블 우화

(7) **G/g** 게는 '게'로 [ㄱ] 소리예요. 단, 음절 끝에 오면 [ㅋ]로
발음되기도 해요.

- 예외로 i 이와 g 게가 함께 ig 이히로 쓰일 때 [이히]라고 발음해요.
  그리고 '모음+ng 응'은 [응] 소리가 나요.

예 Gabel 가블 포크 / möglich 뫼클리히 가능한 /
fertig 프헤어티히 완성된 / Gang 강 걸음, 진행

(8) **H/h** 하는 맨 앞에 올 때는 [ㅎ] 소리가 나지만, 그외 자리에 위치할
땐 묵음이 되면서 h 하 앞의 모음을 길게 늘려 발음해요.

예 Haus 하우쓰 집 / Zehn 체-엔 열, 10 / sehr 제-어 매우

⑼ **I/i** 이는 [ㅣ] 소리예요. 그리고 ih 이– 또는 ie 이–일 경우 발음을 길게 늘려 줘요.

> 예 Idee 이데 아이디어 / Sieben 지–븐 일곱, 7 /
> Ihnen 이–는 당신(들)에게

⑽ **J/j** 요트는 단독으로는 발음되지 않고, j 요트가 e 에와 결합하여 이중 모음 je 예로 되듯 뒤에 오는 모음을 이중 모음으로 바꿔줘요. 단, 외래어일 경우 [ㅈ] 발음을 내기도 해요.

모음	a	e	o	u
j	**ja** 야	**je** 예	**jo** 요	**ju** 유

> 예 Jacke 약크 재킷 / Objekt 옵예크트 사물 /
> Jesus 예주쓰 예수 / Journalist 저날리스트 저널리스트

⑾ **K/k** 카는 '카'로 [ㅋ] 소리예요.

⑿ **L/l** 엘는 '엘'로 [ㄹ] 소리가 나요.

⒀ **M/m** 엠은 '엠'으로 [ㅁ] 소리를 내요.

⒁ **N/n** 엔은 '엔'으로 [ㄴ] 발음이에요.

⒂ **O/o** 오는 [ㅗ] 발음이에요. 이중 모음 **Ö/ö** 외는 입술 모양은 [ㅗ] 발음하듯 동그랗게, 입안은 [ㅔ]를 발음하듯 좌우로 조금 길게 만들어 발음해요. Ö/ö 외는 정확한 발음을 한글로 표기하기 어려우니 이 책에서는 편의상 [외]로 표기할게요.

> 예 Opa 오파 할아버지 / Öl 욀 기름

⑯ **P/p** 페는 '페'로 [ㅍ] 소리가 나요.

⑰ **Q/q** 쿠는 대부분 u 우와 결합하여 qu 크브 형태로 오며 [크브] 소리가 나요.

⑱ **R/r** 에흐는 독일어에서 어려운 발음에 속하는데, 연구개라고 부르는 입천장 깊숙한 곳, 목 뒷부분에 공기를 마찰시키며 긁는 소리로 이 책에서는 편의상 [흐]라고 표기할게요.

• 예외로 묵음이 되거나 [ㅓ] 발음이 나는 경우가 있는데, 이는 r 에흐가 음절 내에서 모음 뒤에 오는 경우예요.

📖 Regen 흐에근 비 / groß 그흐오쓰 큰 /
Märchen 매어히은 동화 / Karte 카트 카드 /
Urlaub 우얼라웊 휴가

⑲ **S/s** 에쓰는 음절의 맨 앞에 오는 경우 [ㅈ]에 가까운 소리가 나며, 음절의 마지막에 올 경우 이 사이로
흘려 보내며 [ㅆ] 소리를 내요. 그리고 독일어에는 sch 슈, st 슈트,
sp 슈ㅍ가 많이 쓰이는 데 이 경우 발음은 [슈, 슈트, 슈ㅍ]예요.

• β 에쓰쩰은 독일어 특유의 자음으로 발음은 ss 덮플에쓰와 동일하게 [ㅆ]예요. 다만 s와 β, ss의 차이라면 s 앞의 모음은 길게 소리내고, β, ss 앞의 모음은 짧게 소리낸다는 거예요.

📖 ausgehen 아우-쓰게흔 외출하다, 작동하지 않다 /
draußen 드흐아우쓴 밖에 / Spaß 슈파쓰 재미, 즐거움 /
Schmerz 슈메어쯔 고통 / Stock 슈톡크 지팡이 /
Spiel 슈필 게임

⑳ **T/t** 테는 '테'로 [ㅌ] 소리예요.

㉑ **U/u** 우는 [ㅜ] 소리예요. 이중 모음 **Ü/ü** 위는 입술 모양은 [ㅜ] 발음하듯 u 우로, 입 안은 [ㅣ]를 발음하듯 [위] 소리를 내려고 하면 비슷해요. 이 책에서는 편의상 [위]라고 표기할게요.

　예 U-Bahn 우반 지하철 / Übung 위붕 연습

㉒ **V/v** 파우는 '파우'라고 읽으며 [ㅍ]과 [ㅎ]의 중간인 F 에프의 [프ㅎ]와 비슷하게 발음해요.

　• 단, 외래어에서 온 몇몇 단어들은 [ㅂ]와 같이 발음해요.

　예 Verein 프헤어아인 협회 / aktiv 악티프ㅎ 활발한 / inklusive 인클루지브 ~을 포함하여

㉓ **W/w** 브에는 '브에'라고 읽으며 [ㅂ]에 가깝게 발음해요.

㉔ **X/x** 엑쓰는 '엑쓰'라고 읽으며 [익쓰]에 가깝게 발음해요. 단, 맨 앞에 올 때는 [ㅆ] 소리가 나요.

　예 Taxi 탁씨 택시 / Xylophon 쓀로프혼 실로폰

㉕ **Y/y** 웹실론은 독일어 고유어보다는 외래어에서 많이 나타나는데 [ㅟ] 소리가 나요. 맨 앞에 올 때는 j 요트와 동일하게 뒤에 오는 모음을 이중 모음으로 바꿔줘요.

㉖ **Z/z** 쩨트는 '쩨트'라고 읽으며 된소리 [ㅉ]와 같은 발음이에요.

- **독일어 알파벳** 6

Kapitel 1 첫 만남부터 당당하게!

Schritt 1 인사
- 처음 만났을 때 30
- 때에 따른 인사 32
- 오랜만에 만났을 때 33
- 안부를 묻는 인사 35
- 안부 인사에 대한 대답 37
- 헤어질 때 인사 38
- 환영할 때 40
- 말 걸기 41
- 화제를 바꿀 때 43

Schritt 2 소개
- 상대방에 대해 묻기 45
- 자기에 대해 말하기 46
- 신상 정보에 대해 말하기 47
- 타인에게 소개하기 49

Schritt 3 감사
- 감사하다 51
- 감사 인사에 응답할 때 54

Schritt 4 사과
- 사과하다 56
- 잘못 & 실수했을 때 57
- 사과 인사에 응답할 때 60

Schritt 5	대답	
	잘 알아듣지 못했을 때	62
	실례 & 양해를 구할 때	64
	긍정적으로 대답할 때	66
	부정적으로 대답할 때	68
	완곡히 거절할 때	69
	기타 대답	71
	맞장구칠 때	72
	맞장구치지 않을 때	74
	반대할 때	75
Schritt 6	주의 & 충고	
	주의를 줄 때	77
	충고할 때	80
Schritt 7	의견	
	존경하다	83
	칭찬하다	84
	격려하다	86
	부탁하다	87
	재촉하다	89
	긍정적 추측	90
	부정적 추측	92
	동정하다	93
	비난하다	94

Schritt 8	**좋은 감정**	
	기쁘다	98
	행복하다	101
	안심하다	103
	만족하다	105
	충분하다	108
	재미있다	109
Schritt 9	**좋지 않은 감정**	
	슬프다	112
	실망하다	115
	화내다	118
	밉다	122
	억울하다	124
	후회하다	125
	부끄럽다	126
	걱정하다	128
	무섭다	129
	놀라다	131

Kapitel 2	**사소한 일상에서도!**	
Schritt 1	**하루 생활**	
	일어나기	138
	씻기	141
	식사	142

	옷 입기 & 화장하기	144
	TV 보기	145
	잠자리	147
	잠버릇	149
	숙면	150
	꿈	151
Schritt 2	**집**	
	화장실 사용	154
	화장실 에티켓	155
	욕실에서	157
	거실에서	159
	부엌에서	160
	식탁에서	162
	식사 예절	165
	요리 준비	167
	요리하기	169
	냉장고	170
	설거지	172
	위생	173
	청소	176
	분리수거	177
	세탁	179
	집 꾸미기	181

Schritt 3	초대 & 방문	
	초대하기	183
	방문하기	186
Schritt 4	친구 만나기	
	약속 잡기	188
	안부 묻기	190
	일상 대화	191
	헤어질 때	193
Schritt 5	운전 & 교통	
	운전하기	195
	주차	196
	교통 체증	198
	교통 규정 위반	199
Schritt 6	집 구하기	
	집 알아보기	201
	집 조건 보기	203
	집 계약하기	204
	이사 계획	206
	짐 싸기	207
	이사 비용	209
Schritt 7	날씨	
	날씨 묻기	211
	일기예보	212
	맑은 날	214
	흐린 날	216

	비 오는 날	218
	천둥	219
	번개	220
	봄 날씨	222
	여름 날씨	224
	장마	225
	태풍	226
	가뭄	228
	홍수	229
	가을 날씨	231
	단풍	233
	겨울 날씨	234
	눈	236
	계절	237
Schritt 8	**전화**	
	전화를 걸 때(일반 상황)	239
	전화를 걸 때(회사에서)	240
	전화를 받을 때(일반 상황)	242
	전화를 받을 때(회사에서)	243
	전화를 바꿔 줄 때	245
	다시 전화한다고 할 때	246
	전화를 받을 수 없을 때	247
	통화 상태가 안 좋을 때	249
	전화 메시지	250
	잘못 걸려온 전화	251

	전화를 끊을 때	253
	전화 기타	255
Schritt 9	**명절 & 기념일**	
	설날	257
	추석 & 추수감사절	259
	부활절	261
	크리스마스	263
	카니발	265
	생일	267
	축하	270

Kapitel 3 독일 여행도 문제없어!

Schritt 1	**출발 전**	
	항공권 예약	276
	예약 확인 & 변경	277
	여권	279
	비자	281
Schritt 2	**공항에서**	
	공항 이용	283
	티켓팅	284
	탑승	286
	세관	288
	면세점 이용	289
	출국 심사	291
	입국 심사	292

	짐을 찾을 때	295
	마중	297
	공항 기타	298
Schritt 3	**기내에서**	
	기내 좌석 찾기 & 이륙 준비	301
	기내에서	302
	기내식	304
Schritt 4	**기차에서**	
	기차표 구입	306
	기차 타기	307
	객차에서	309
	목적지에 내리기	310
Schritt 5	**숙박**	
	숙박 시설 예약	312
	체크인	315
	체크아웃	317
	부대 서비스 이용	318
	숙박 시설 트러블	320
Schritt 6	**관광**	
	관광 안내소	322
	투어	323
	입장권을 살 때	325
	축구 관람 시	327
	관람	328
	길 묻기	330

Schritt 7	교통	
	기차	333
	지하철	334
	버스	335
	택시	337
	선박	338

Kapitel 4   어디서든 당당하게!

Schritt 1	음식점	
	음식점 추천	344
	음식점 예약	345
	예약 없이 갔을 때	347
	메뉴 보기	348
	주문하기–음료	350
	주문하기–메인 요리	351
	주문하기–선택 사항	353
	주문하기–디저트	354
	주문하기–요청 사항	356
	웨이터와 대화	357
	음식 맛 평가	359
	계산	361
	카페	362
	패스트푸드	364

Schritt 2	시장	
	시장	366
	벼룩시장	367
Schritt 3	대형 마트 & 슈퍼마켓	
	물건 찾기	370
	구매하기	371
	지불하기	373
Schritt 4	옷 가게	
	쇼핑	375
	쇼핑몰	376
	옷 가게	378
	옷 구입 조건	380
	옷 구입 결정	381
	할인 기간	383
	할인 품목 & 할인율	384
	할인 구입 조건	386
	계산하기	388
	할부 구매	389
	환불 & 교환	390
Schritt 5	병원 & 약국	
	예약 & 접수	392
	진찰실	394
	외과	395
	내과-감기	397
	내과-열	399

내과–소화기	400
치과–치통	402
치과–충치	404
진료 기타	406
입원 & 퇴원	407
수술	409
병원비 & 보험	410
문병	412
처방전	414
약국	415

Schritt 6　은행 & 우체국

은행–계좌	418
입출금	419
송금	420
현금 자동 인출기 사용	422
신용카드	424
환전	425
환율	427
은행 기타	428
편지 발송	430
소포 발송	431

Schritt 7　미용실

미용실 상담	434
커트	435
펌	438

염색	440
네일	441
미용실 기타	443

Schritt 8 영화관 & 공연장

영화관	445
영화표	446
영화관 에티켓	448
콘서트	449
기타 공연	451

Kapitel 1
첫 만남부터 당당하게!

처음 만나면 하는 인사는 '할로!'
헤어질 땐 '츄스.'
아는 인사말이 이것뿐인가요?
틀에 박힌 독일어 인사가 지겹다면, 여기를 보세요!
기본 중에서도 기본적인 표현, 인사를 포함해
첫만남, 소개, 감사와 여러 응대 표현이 있습니다.

Schritt 1	인사	Schritt 6	주의 & 충고
Schritt 2	소개	Schritt 7	의견
Schritt 3	감사	Schritt 8	좋은 감정
Schritt 4	사과	Schritt 9	좋지 않은 감정
Schritt 5	대답		

Words

☐ begrüßen 브그흐위쓴
v. 인사하다; 환영하다

☐ (sich) vorstellen
(지히) 프호어슈텔른
v. 소개하다

☐ der Mann /¨er
데어 만 / 디 맨너
n. 남자; 남편

☐ die Frau /-en
디 프흐아우 / 디 프흐아우은
n. 여자; 부인

☐ der Name /-en
데어 나므 / 디 나믄
n. 이름

☐ die Nationalität /-en
디 나찌오날리탵 / 디 나찌오날리태튼
n. 국적

☐ das Land /¨er
다쓰 란트 / 디 랜더
n. 나라, 국가; 육지, 땅; 시골

☐ die Sprache /-n
디 슈프흐아흐 / 디 슈프흐아흔
n. 언어, 말

☐ die Telefonnummer /-n
디 텔레프혼눔머 / 디 텔레프혼눔먼
n. 전화번호

☐ der Beruf /-e
데어 브흐우프흐 / 디 브흐우프흐
n. 직업

☐ der Freund /-e
데어 프흐오인ㅌ / 디 프흐오인드,
die Freundin /-nen
디 프흐오인딘 / 디 프흐오인딘는
n. 친구

☐ danken 당큰
v. 감사하다

☐ die Freundlichkeit /-en
디 프흐오인틀리히카잍 /
디 프흐오인틀리히카이튼
n. 친절, 호의

☐ glücklich 글뤼클리히
adj. 행복한

☐ entschuldigen 엔ㅌ슐디근
v. 용서하다

☐ helfen 헬프흔
v. 돕다; 구하다

Schritt 1 인사　　　　　　　　　MP3. K01_S01

처음 만났을 때

#안녕하세요, 만나서 반갑습니다.
> Guten Tag, freut mich Sie kennen zu lernen.
> 구튼 탁, 프흐오잍 미히 지 켄는 쭈 레어는

#안녕, 만나서 반가워.
> Hallo, schön dich kennen zu lernen.
> 할로, 슈왼 디히 켄는 쭈 레어는

#제 이름은 김수진입니다.
> Ich heiße Sujin Kim.
> 이히 하이쓰 수진 김
>
> Mein Name ist Sujin Kim.
> 마인 나므 이슽 수진 김

#이름이 뭐니?
> Wie heißt du?
> 브이 하이쓷 두?
>
> Wie ist dein Name?
> 브이 이슽 다인 나므?

#이야기 많이 들었습니다.
> Ich habe schon viel von Ihnen gehört.
> 이히 하브 슈온 프힐 프혼 이느 그회엍

#마이어 씨가 당신 이야기를 많이 했습니다.
> Herr Meier hat mir bereits viel über Sie erzählt.
> 헤어 마이어 핱 미어 브흐아잍츠 프힐 위버 지 에어쨀트

30

만나뵙게 되어
정말 영광입니다.

Es ist mir eine Ehre Sie kennen zu lernen.
에쓰 이슽 미어 아이느 에어흐 지 켄는 쭈 레어는

마이어 씨, 뮐러
부인을 아세요?

Herr Meier, kennen Sie schon Frau Müller?
헤어 마이어, 켄는 지 슈온 프흐아우 뮐러?

Herr Meier, haben Sie schon Frau Müller kennen gelernt?
헤어 마이어, 하븐 지 슈온 프흐아우 뮐러 켄는 그레언ㅌ?

우리 전에
만난 적 있나요?

Kennen wir uns nicht irgendwoher?
켄는 브이어 운쓰 니힡 이어근ㅌ브오헤어?

Haben wir uns nicht schon mal getroffen?
하븐 브이어 운쓰 니힡 슈온 말 그트흐오프흔?

명함 한 장
주시겠어요?

Könnten Sie mir Ihre Visitenkarte geben?
쾬튼 지 미어 이어흐 브이지튼카트 게븐?

여기,
제 명함입니다.

Hier, das ist meine Visitenkarte.
히어, 다쓰 이슽 마이느 브이지튼카트

Kapitel 1.

때에 따른 인사

#안녕하세요.

Guten Morgen. (아침에 만났을 때)
구튼 모어근
Guten Tag. (점심에 만났을 때)
구튼 탁
Guten Abend. (저녁에 만났을 때)
구튼 아븐트

#안녕.

Hallo. (만났을 때)
할로
Tschüss. (헤어질 때, 친한 사이)
츄쓰

#잘 자요.

Gute Nacht.
구트 나흩
Schlaf gut.
슐라프흐 굳

오랜만에 만났을 때

오랜만이네!

Lange nicht gesehen!
랑으 니힡 그제흔!

Es freut mich dich wieder zu sehen!
에쓰 프흐오읻 미히 디히 브이더 쭈 제흔!

오랫동안 뵙지 못했네요.

Es ist ja schon lange her, dass wir uns gesehen haben.
에쓰 이슽 야 슈온 랑으 헤어, 다쓰 브이어 운쓰 그제흔 하븐

요즘 보기 힘드네.

Zurzeit ist es schwierig dich zu sehen.
쭈어짜잍 이슽 에쓰 슈브이어흐이히 디히 쭈 제흔

아니, 이게 누구야!

Nein, wen haben wir denn da!
나인, 브엔 하븐 브이어 덴 다!

 # 그간 연락 못 해서 미안해.

Es tut mir leid, dass ich mich so lange nicht gemeldet habe.
에쓰 툳 미어 라읻, 다쓰 이히 미히 조 랑으 니힡 그멜듵 하브

 # 그간 뭐 하고 지냈어?

Wie geht es dir?
브이 겓 에쓰 디어?

Was hast du in der Zwischenzeit gemacht?
브아쓰 하슽 두 인 데어 쯔브이슌짜읻 그마흗?

Wie ist es dir so ergangen?
브이 이슽 에쓰 디어 조 에어강은?

 # 하나도 안 변했네.

Du hast dich ja gar nicht verändert.
두 하슽 디히 야 가 니힡 프헤어앤딑

Du bist ja noch ganz der Alte.
두 비슽 야 노흐 간쯔 데어 알트

세월 참 빠르네.

Die Zeit verfliegt wie im Flug.
디 짜일 프헤어프흘리클 브이 임 프흘룩

Die Zeit vergeht so schnell.
디 짜일 프헤어겔 조 슈넬

세상 참 좁네요!

Die Welt ist ein Dorf!
디 브엘트 이슽 아인 도어프흐!

Die Welt ist klein!
디 브엘트 이슽 클라인!

안부를 묻는 인사

잘 지내니?

Wie geht's?
브이 겔츠?

Wie geht es dir?
브이 겔 에쓰 디어?

어떻게 지내세요?

Wie geht es Ihnen?
브이 겔 에쓰 이는?

주말 어떻게 보냈어?

Wie war dein Wochenende?
브이 브아 다인 브오흔엔드?

Was hast du am Wochenende gemacht?
브아쓰 하슽 두 암 브오흔엔드 그마흗?

가족은 어때?

Wie geht es deiner Familie?
브이 겥 에쓰 다이너 프하밀리으?

어디 안 좋아?

Geht es dir nicht gut?
겥 에쓰 디어 니힡 궅?

너 아파 보여.

Du siehst krank aus.
두 지슽 크흐앙ㅋ 아우쓰

별일 없어요?

Gibt es etwas Neues?
깁ㅌ 에쓰 엩브아쓰 노이으쓰?

안부 인사에 대한 대답

#난 잘 지내.

Mir geht es gut.
미어 겥 에쓰 굳
Ganz gut.
간쯔 굳
Super.
주퍼

#그럭저럭 지내.

Nicht schlecht.
니힡 슐레힡

#별일 없어요.

Es gibt nichts Neues.
에쓰 깁ㅌ 니힡츠 노이으쓰

#늘 비슷해요.

Wie immer.
브이 임머

오늘은 기분이 별로네요.

Ich bin heute schlecht gelaunt.
이히 빈 호이트 슐레힡 그라운ㅌ

Ich bin heute nicht so gut drauf.
이히 빈 호이트 니힡 조 굳 드흐아우프흐

Heute fühle ich mich nicht so gut.
호이트 프휠르 이히 미히 니힡 조 굳

헤어질 때 인사

좋은 하루 보내요!

Einen schönen Tag noch!
아이는 슈외는 탁 노흐!

즐거운 주말 보내세요.

Ich wünsche Ihnen ein schönes Wochenende.
이히 브원슈 이는 아인 슈외느쓰 브오흔엔드

내일 봐요.

Bis morgen.
비쓰 모어근

이따 봐요.

Bis gleich.
비쓰 글라이히

조만간 다시 만나요.

Auf Wiedersehen.
아우프흐 브이더제흔

Bis bald.
비쓰 발ㅌ

Demnächst.
뎀내흐슽

Wir sehen uns bald wieder.
브이어 제흔운쓰 발ㅌ 브이더

전 곧 가야 해요.

Ich muss gleich los.
이히 무쓰 글라이히 로쓰

당신 부모님께 안부 전해줘요.

Grüß deine Eltern von mir.
그흐위쓰 다이느 엘턴 프혼 미어

Liebe Grüße an deine Eltern.
리브 그흐위쓰 안 다이느 엘턴

환영할 때

\# 베를린에 오신 걸 환영합니다.
Willkommen in Berlin.
브일콤믄 인 베얼린

\# 저희 집에 오신 것을 환영합니다.
Willkommen bei mir zu Hause. (혼자 살 경우)
브일콤믄 바이 미어 쭈 하우즈
Willkommen bei uns zu Hause.
브일콤믄 바이 운쓰 쭈 하우즈

\# 환영합니다.
Herzlich Willkommen.
헤어쯜리히 브일콤믄

\# 이곳이 마음에 드셨으면 합니다.
Ich hoffe, es gefällt Ihnen hier.
이히 홒흐, 에쓰 그프핼ㅌ 이는 히어

\# 편하게 계세요.

Machen Sie es sich bequem.
마흔 지 에쓰 지히 브크브엠

Fühlen Sie sich wie zu Hause.
프휠른 지 지히 브이 쭈 하우즈

\# 함께 일하게 되어 반갑습니다.

Es freut mich mit Ihnen arbeiten zu können.
에쓰 프흐오읻 미히 믿 이는 아바이튼 쭈 쾬는

말 걸기

\# 실례합니다.

Entschuldigung.
엔트슐디궁

\# 잠깐 (그) 이야기 좀 할 수 있을까요?

Können wir kurz darüber sprechen?
쾬는 브이어 쿠어쯔 다흐위버 슈프흐에히은?

Können wir uns kurz darüber unterhalten?
쾬는 브이어 운쓰 쿠어쯔 다흐위버 운터할튼?

#제게 시간 좀 내주실 수 있으세요?

Haben Sie kurz Zeit für mich?
하븐 지 쿠어쯔 짜잍 프휘어 미히?

Könnten Sie sich kurz Zeit für mich nehmen?
쾬튼 지 지히 쿠어쯔 짜잍 프휘어 미히 네믄?

#말씀 중 죄송합니다.

Entschuldigen Sie, dass ich Sie unterbreche.
엔트슐디근 지, 다쓰 이히 지 운터브흐에히으

#제게 잠시 집중해주시겠어요?

Dürfte ich kurz Ihre Aufmerksamkeit beanspruchen/in Anspruch nehmen?
뒤어프흐트 이히 쿠어쯔 이어흐 아우프흐메엌잠카잍 브안슈프흐우흔/ 인 안슈프흐우흐 네믄?

#제가 한 말씀 드려도 될까요?

Dürfte ich dazu etwas sagen?
뒤어프흐트 이히 다쭈 엩브아쓰 자근?

화제를 바꿀 때

다른 얘기를 하죠.

Lass uns über anderes sprechen.
라쓰 운쓰 위버 안더흐쓰 슈프흐에히은

새로운 주제로 넘어가죠.

Lass uns das Thema wechseln.
라쓰 운쓰 다쓰 테마 브에흐쓸ㄴ

Wechseln wir das Thema.
브에흐쓸ㄴ 브이어 다쓰 테마

여러분 의견은 뭔가요?
(서로의 의견을 말해 봅시다.)

Was ist eure Meinung?
브아쓰 이슽 오이흐 마이눙?

또 다른 게 뭐가 있나요?

Gibt es noch was anderes?
깁트 에쓰 노흐 브아쓰 안더흐쓰?

Gibt es noch was?
깁트 에쓰 노흐 브아쓰?

\# 그건 그렇고, 뮐러 씨 소식 들었어요?

Ach ja, habt ihr die Nachricht von Herrn Müller gehört?
아흐 야, 합트 이어 디 나흐이힡 프혼 헤언 뮐러 그회엍?

\# 뭐 새로운 소식 있나요?

Gibt es Neuigkeiten?
깁트 에쓰 노이히카이튼?

Schritt 2 소개

상대방에 대해 묻기

\# 이름이 뭐예요?

Wie heißt du? (반말)
브이 하이쓷 두?
Wie heißen Sie? (존댓말)
브이 하이쓴 지?
Wie ist dein Name? (반말)
브이 이슽 다인 나므?

\# 이름 철자가 어떻게 되나요?

Wie buchstabiert man Ihren Namen?
브이 부흐슈타비엍 만 이어흔 나믄?

\# 직업이 뭐니?

Was machst du beruflich?
브아쓰 마흐슽 두 브흐우프흘리히?

\# 어디에서 왔어?

Woher kommst du?
브오헤어 콤슽 두?

\# 몇 개 국어 하시나요?

Wie viele Sprachen sprechen Sie?
브이 프힐르 슈프흐아흔 슈프흐에히은 지?

전공이 뭐예요?
Was studieren Sie?
브아쓰 슈투디어흔 지?

자기에 대해 말하기

제 이름은 사라 하우프트만입니다.
Ich heiße Sahra Hauptmann.
이히 하이쓰 자흐아 하우픝만

Mein Name ist Sahra Hauptmann.
마인 나므 이슽 자흐아 하우픝만

제 성은 '김'이고 이름은 '유나' 입니다.
Mein Nachname ist ‚Kim' und mein Vorname ist ‚Yuna'.
마인 나흐나므 이슽 '김' 운트 마인 프호어나므 이슽 '유나'

저는 한국에서 선생님으로 일하고 있습니다.
Ich arbeite als Lehrer_in in Korea.
이히 아바이트 알쓰 레어허_흐인 인 코흐에아

\# 저는 쾰른대학교 학생입니다.

Ich studiere an der Universität Köln.
이히 슈투디어흐 안 데어 우니브에지텔 쾰른

Ich bin Student_in an der Kölner Universität.
이히 빈 슈투덴트_인 안 데어 쾰르너 우니브에지텔

\# 저는 독어독문학을 전공하고 있습니다.

Ich studiere Germanistik.
이히 슈투디어흐 게어마니스틱

Mein Hauptfach ist Germanistik.
마인 하우플프하흐 이슫 게어마니스틱

신상 정보에 대해 말하기

\# 저는 한국인이에요.

Ich bin Koreaner_in.
이히 빈 코흐에아너_흐인

#저는 미혼입니다.	**Ich bin ledig.** 이히 빈 레디히 **Ich bin noch nicht verheiratet.** 이히 빈 노흐 니힡 프헤어하이흐아틑
#저는 혼자 살고 있어요.	**Ich lebe alleine.** 이히 레브 알라이느
#그는 결혼했어요.	**Er ist verheiratet.** 에어 이슽 프헤어하이흐아틑
#몇 살입니까?	**Wie alt sind Sie?** 브이 알ㅌ 진ㅌ 지?
#저는 26살입니다.	**Ich bin 26 (Jahre alt).** 이히 빈 제흐쓰운ㅌ쯔브안찌히 (야흐 알ㅌ)
#그는 나이가 어떻게 되나요?	**Wie alt ist er?** 브이 알ㅌ 이슽 에어?

48

그는 32살입니다.
Er ist 32 (Jahre alt).
에어 이슽 쯔브아이 운트 드흐아이씨히 (야흐 알트)

타인에게 소개하기

제 소개를 해도 될까요?
Darf ich mich vorstellen?
닾흐 이히 미히 프호어슈텔른?

미카엘, 슈테파니를 아니?
Michael, kennst du Stefani?
미히아엘, 켄슽 두 슈테프하니?

당신에게 뮐러 부인을 소개해도 될까요?
Darf ich Ihnen Frau Müller vorstellen?
닾흐 이히 이는 프흐아우 뮐로 프호어슈텔른?

그는 제 오랜 친구예요.

Er ist ein alter Freund von mir.
에어 이슽 아인 알터 프흐오인트 프혼 미어

Wir kennen uns schon sehr lange.
브이어 켄는 운쓰 슈온 제어 랑으

Wir sind seit langem Freunde.
브이어 진트 자읱 랑음 프흐오인드

모두들 그를 그냥 '토니'라고 불러요.

Alle nennen ihn einfach ‚Toni'.
알르 넨는 인 아인프하흐 '토니'

Er wird einfach ‚Toni' genannt.
에어 브이엍 아인프하흐 '토니' 그난트

Schritt 3 감사

감사하다

감사합니다.
Danke.
당크

정말 감사합니다.
Danke schön.
당크 슈왼
Vielen Dank.
프힐른 당크
Herzlichen Dank.
헤어쯜리히은 당크
Danke sehr.
당크 제어

여러모로 감사합니다.
Danke für alles.
당크 프휘어 알르쓰

그렇게 말씀해 주시니 감사합니다.
Danke, nett von dir mir das zu sagen.
당크, 넽 프혼 디어 미어 다쓰 쭈 자근

당신의 은혜를 잊지 않겠습니다.
Ich werde Ihre Freundlichkeit nicht vergessen.
이히 브에어드 이어흐 프호오인틀리히카잍 니힡 프헤어게쓴

와 주셔서 감사합니다.

Danke für das Kommen.
당크 프휘어 다쓰 콤믄

Ich danke Ihnen für Ihren Besuch.
이히 당크 이는 프휘어 이어흔 브주흐

도와주셔서 대단히 감사합니다.

Ich danke Ihnen für Ihre Hilfe.
이히 당크 이는 프휘어 이어흐 힐프흐

Danke, dass Sie mir geholfen haben.
당크, 다쓰 지 미어 그홀프흔 하븐

배려해 줘서 고마워요.

Danke, dass Sie mich berücksichtigt haben.
당크, 다쓰 지 미히 브흐윌지히티클 하븐

초대해 주셔서 감사합니다.

Danke für die Einladung.
당크 프휘어 디 아인라둥

Danke, dass Sie mich eingeladen haben.
당크, 다쓰 지 미히 아인그라든 하븐

제게 기회를 주셔서 감사합니다.

Vielen Dank für diese Gelegenheit.
프힐른 당크 프휘어 디즈 그레근하일

Danke, dass Sie mir diese Gelegenheit gegeben haben.
당크, 다쓰 지 미어 디즈 그레근하일 그게븐 하븐

시간 내 주셔서 감사합니다.

Danke, dass Sie für mich Zeit genommen haben.
당크, 다쓰 지 프휘어 미히 짜일 그놈믄 하븐

기다려 줘서 고마워요.

Danke, dass Sie auf mich gewartet haben.
당크, 다쓰 지 아우프흐 미히 그브아틑 하븐

Danke für das Warten.
당크 프휘어 다쓰 브아튼

길을 알려 주셔서 고마워요.

Danke, dass Sie mir den Weg erklärt haben.
당크, 다쓰 지 미어 덴 브엑 에어클래얼 하븐

감사 인사에 응답할 때

\# 천만에요.

Bitte schön.
비트 슈왼
Gern geschehen.
게언 그슈에흔
Nichts zu Danken.
니힡츠 쭈 당큰

\# 오히려 제가
감사드리지요.

Ich bedanke mich bei Ihnen.
이히 브당크 미히 바이 이늰
Vielen Dank auch von meiner Seite.
프힐른 당크 아우흐 프혼 마이너 자이트

\# 대단한 일도
아닌걸요.

War nichts Besonderes.
브아 니힡츠 브존더흐쓰

#주저하지 말고 저에게 도움을 청하세요.

Stets zu Diensten.
슈텔츠 쭈 딘스튼

Ich bin immer für dich da.
이히 빈 임머 프휘어 디히 다

Du kannst immer auf mich zählen.
두 칸슽 임머 아우프흐 미히 짹른

Ich stehe dir stets zur Verfügung.
이히 슈테흐 디어 슈텔츠 쭈어 프헤어프휘궁

#도움이 될 수 있어 기뻐요.

Es war mir eine Freude.
에쓰 브아 미어 아이느 프흐오이드

Es freut mich, dass ich helfen konnte.
에쓰 프흐오읻 미히, 다쓰 이히 헬프흔 콘트

Schritt 4 사과

MP3. K01_S04

사과하다

\# 미안합니다.

Entschuldigung.
엔트슐디궁
(Es) Tut mir leid.
(에쓰) 툳 미어 라읻

\# 그 일에 대해서는 정말 미안해요.

Ich entschuldige mich dafür.
이히 엔트슐디그 미히 다프휘어

\# 오래 기다리시게 해서 죄송합니다.

Entschuldige die lange Wartezeit.
엔트슐디그 디 랑으 브아트짜읻
Entschuldigung, dass ich dich lange habe warten lassen.
엔트슐디궁, 다쓰 이히 디히 랑으 하브 브아튼 라쓴

\# 방해해서 죄송해요.

Entschuldige die Störung.
엔트슐디그 디 슈퇴어흐웅
Entschuldigung, ich wollte Sie nicht stören.
엔트슐디궁, 이히 브올트 지 니힡 슈퇴어흔
Tut mir leid, ich wollte nicht stören.
툳 미어 라읻, 이히 브올트 니힡 슈퇴어흔

#다시는 이런 일 없을 겁니다.	**Es wird nicht wieder passieren.** 에쓰 브이얼 니힡 브이더 파씨어흔 **Das wird nicht noch einmal vorkommen.** 다쓰 브이얼 니힡 노흐 아인말 프호어콤믄
#기분 나빴다면 미안해.	**Es tut mir leid, wenn ich dich beleidigt habe.** 에쓰 툳 미어 라읻, 브엔 이히 디히 브라이디클ㅌ 하브
#미안하다는 말을 하고 싶어요.	**Ich möchte mich entschuldigen.** 이히 뫼히트 미히 엔트슐디근

잘못 & 실수했을 때

#제 잘못이었어요.	**Ich bin schuld.** 이히 빈 슐ㅌ **(Es ist) Mein Fehler.** (에쓰 이슽) 마인 프헬러 **Das war mein Fehler.** 다쓰 브아 마인 프헬러

제가 망쳐서 죄송합니다.

Entschuldigung, ich habe es verdorben.
엔트슐디궁, 이히 하브 에쓰 프헤어도어븐

Tut mir leid, dass ich es vermasselt habe.
툩 미어 라일, 다쓰 이히 에쓰 프헤어마쓸트 하브

고의가 아니었습니다.

Es war nicht absichtlich.
에쓰 브아 니힡 압지히틀리히

Es war keine böse Absicht.
에쓰 브아 카이느 뵈즈 압지힡

Das war nicht mit Absicht.
다쓰 브아 니힡 밑 압지힡

제가 말을 실수했어요.

Ich habe mich versprochen.
이히 하브 미히 프헤어슈프흐오흔

제가 실수했어요.

Ich habe mich vertan.
이히 하브 미히 프헤어탄

제가 잘못 짚었어요.
(제가 잘못 생각했어요.)

Ich lag falsch.
이히 락 프할슈

Ich habe mich geirrt.
이히 하브 미히 그이엍

\# 단지 제 탓이에요.

Das ist meine Schuld.
다쓰 이슽 마이느 슐트

\# 죄송해요, 어쩔 수 없었습니다.

Entschuldigung, ich hatte keine andere Wahl.
엔트슐디궁, 이히 핱트 카이느 안더흐 브알

Entschuldigung, ich kann nichts dafür.
엔트슐디궁, 이히 칸 니힡츠 다프휘어

Entschuldigung, ich konnte daran nichts ändern.
엔트슐디궁, 이히 콘트 다흐안 니힡츠 앤던

\# 미안해요, 깜빡 잊었어요.

Entschuldigung, ich habe es völlig vergessen.
엔트슐디궁, 이히 하브 에쓰 프휠리히 프헤어게쓴

Tut mir leid, dass habe ich ganz vergessen.
퉅 미어 라잍, 다스 하브 이히 간쯔 프헤어게쓴

문제가
되리라고는
생각하지 못했어요.

Ich wusste nicht, dass das ein Problem sein wird.
이히 브우스트 니힡, 다쓰 다쓰 아인 프흐오블램 자인 브이얼

Damit habe ich gar nicht gerechnet.
다밑 하브 이히 가 니힡 그흐에히늍

다시 한 번
기회를 주세요.

Bitte geben Sie mir noch einmal eine Chance.
비트 게븐 지 미어 노흐 아인말 아이느 슈앙쓰

Bitte geben Sie mir eine zweite Chance.
비트 게븐 지 미어 아이느 쯔바이트 슈앙쓰

사과 인사에 응답할 때

괜찮습니다.

Kein Problem.
카인 프흐오블램

Keine Ursache.
카이느 우어자흐

Alles in Ordnung.
알르쓰 인 오얼눙

용서할게.

Ich verzeihe dir.
이히 프헤어짜이흐 디어

이미 용서했어.

Schon verziehen.
슈온 프헤어찌흔

Nicht der Rede wert.
니힡 데어 흐에드 브에얼

이미 용서하고 잊어버렸어.

Vergeben und vergessen.
프헤어게븐 운ㅌ 프헤어게쓴

걱정 마, 우린 친구잖아.

Kein Problem, wir sind ja Freunde.
카인 프흐오블램, 브이어 진ㅌ 야 프흐오인드

저야말로 사과를 드려야죠.

Ich bin es, der sich entschuldigen muss.
이히 빈 에쓰, 데어 지히 엔ㅌ슐디근 무쓰

걱정하지 마.

Mach dir keine Sorgen.
마흐 디어 카이느 조어근

Keine Bange.
카이느 방으

사과를 받아들일게.

Ich nehme die Entschuldigung an.
이히 네므 디 엔ㅌ슐디궁 안

Schritt 5 대답

잘 알아듣지 못했을 때

\# 뭐라고요?

Wie bitte?
브이 비트?
Ich verstehe nicht.
이히 프헤어슈테흐 니힐

\# 죄송한데, 잘 안 들려요.

Entschuldigung, aber ich habe Schwierigkeiten Sie zu verstehen.
엔트슐디궁, 아버 이히 하브 슈브이흐이히카이튼 지 쭈 프헤어슈테흔
Entschuldigung, man hört es nicht richtig.
엔트슐디궁, 만 회얼 에쓰 니힐 흐이히티히

\# 말이 너무 빨라요.

Sie sprechen zu schnell.
지 슈프흐에히은 쭈 슈넬

\# 잘 모르겠네요.

Ich weiß es nicht.
이히 브아이쓰 에쓰 니힐
Ich bin mir nicht sicher.
이히 빈 미어 니힐 지히어
Keine Ahnung.
카이느 아눙

#당신이 하는 말을 알아듣지 못했어요.

Ich habe Sie nicht verstanden.
이히 하브 지 니힡 프헤어슈탄든

Ich habe nicht ganz verstanden, was Sie gesagt haben.
이히 하브 니힡 간쯔 프헤어슈탄든, 브아쓰 지 그자크틀 하븐

#무슨 뜻이죠?

Was bedeutet das?
브아쓰 브도이틑 다쓰?

Was meinst du? (사람의 의도를 물을 때)
브아쓰 마인슽 두?

#한번 더 말해 주세요.

Noch einmal bitte.
노흐 아인말 비트

Können Sie das wiederholen?
쾬느 지 다쓰 브이더홀른?

#조금 더 천천히 말해 주세요.

Langsamer bitte.
랑자머 비트

Können Sie noch langsamer sprechen?
쾬느 지 노흐 랑자머 슈프흐에히은?

Kapitel 1.

63

#조금 더 크게
말해 주세요.

Lauter bitte.
라우터 비트

Können Sie ein bisschen lauter sprechen?
쾬는 지 아인 비쓰히은 라우터 슈프흐에히은?

#철자가 어떻게
되죠?

Wie buchstabiert man das?
브이 부흐슈타비얼 만 다쓰?

Können Sie mir das buchstabieren?
쾬는 지 미어 다쓰 부흐슈타비어흔?

실례 & 양해를 구할 때

#실례지만,
지나가도 될까요?

Entschuldigung, darf ich kurz vorbei?
엔트슐디궁, 닾흐 이히 쿠어쯔 프호어바이?

Entschuldigung, darf ich durch?
엔트슐디궁, 닾흐 이히 두어히?

#잠시 실례하겠습니다. 곧 돌아오겠습니다.

Einen Moment bitte. Ich bin gleich zurück.
아이는 모멘트 비트. 이히 빈 글라이히 쭈흐윜

Entschuldige mich einen Moment. Ich komme gleich zurück.
엔트슐디그 미히 아이는 모멘트. 이히 콤므 글라이히 쭈흐윜

Einen Moment bitte. Ich bin gleich wieder da.
아이는 모멘트 비트. 이히 빈 글라이히 브이더 다

#죄송하지만, 이만 가 봐야겠어요.

Entschuldigung, ich muss jetzt los.
엔트슐디궁, 이히 무쓰 옡쯭 로쓰

#제 가방 좀 봐 줄래요? 화장실 좀 다녀올게요.

Könnten Sie kurz auf meine Tasche aufpassen? Ich muss mal auf die Toilette.
쾬튼 지 쿠어쯔 아우프흐 마이느 타슈 아우프흐파쓴? 이히 무쓰 말 아우프흐 디 토일렡트

Kapitel 1.

죄송하지만 조금 늦게 도착할 것 같아요.

Entschuldigung, ich verspäte mich ein bisschen.
엔트슐디궁, 이히 프헤어슈패트 미히 아인 비쓰히은

Tut mir leid, ich werde etwas später kommen.
툴 미어 라잍, 이히 브에어드 엘브아쓰 슈패터 콤믄

긍정적으로 대답할 때

물론이죠!

Natürlich!
나튀얼리히!

Sicher!
지히어!

Ganz bestimmt!
간쯔 브슈팀트!

알겠습니다.

Einverstanden.
아인프헤어슈탄든

Ja.
야

Alles Klar.
알르쓰 클라

문제없습니다.
Kein Problem.
카인 프호오블램

기꺼이 하죠.
Mit Vergnügen.
밑 프헤어그뉘근
Sehr gerne.
제어 게어느
Mit ganzem Herzen.
밑 간쯤 헤어쯘

좋아요.
Gut.
굳
Fein.
프하인
Ausgezeichnet.
아우쓰그짜이히늩

맞아요.
Genau.
그나우
Bestimmt.
브슈팀ㅌ

부정적으로 대답할 때

#전혀 모르겠어요.
Ich verstehe (es) nicht.
이히 프헤어슈테흐 (에쓰) 니힡

#해결할 수 없어요.
Ich kann das Problem nicht lösen.
이히 칸 다쓰 프흐오블램 니힡 뢰즌

Ich habe keine Lösung für das Problem.
이히 하브 카이느 뢰중 프휘어 다쓰 프흐오블램

#아무 것도 아니에요.
Nichts.
니힡츠

Ist nichts Besonderes.
이슫 니힡츠 브존더흐쓰

#아직이요.
Noch nicht.
노흐 니힡

물론 아니죠.

Natürlich nicht.
나튀얼리히 니힡

Bestimmt nicht.
브슈팀ㅌ 니힡

Sicher nicht.
지히어 니힡

말도 안 돼요.

Das ist unmöglich.
다쓰 이슫 운뫼클리히

Das kann doch wohl nicht wahr sein.
다쓰 칸 도흐 브올 니힡 브아 자인

Das ist doch lächerlich.
다쓰 이슫 도흐 래히얼리히

완곡히 거절할 때

싫어.

Nein danke.
나인 당크

죄송하지만, 전 못하겠어요.

Entschuldigung, ich kann das leider nicht.
엔ㅌ슐디궁, 이히 칸 다쓰 라이더 니힡

#아니요, 제가 할 수 없을 것 같군요.

Nein, ich kann das nicht machen.
나인, 이히 칸 다쓰 니힐 마흔

#미안해요, 지금은 무리예요.

Entschuldigung, ich habe gerade keine Zeit.
엔트슐디궁, 이히 하브 그흐아드 카이느 짜일

Entschuldigung, ich bin gerade zu beschäftigt.
엔트슐디궁, 이히 빈 그흐아드 쭈 브슈애프흐티클

#아무래도 안될 것 같습니다.

Ich glaube, ich werde es nicht schaffen.
이히 글라우브, 이히 브에어드 에쓰 니힐 슈아프흔

Ich werde es nicht hinbekommen.
이히 브에어드 에쓰 니힐 힌브콤믄

#안 하겠습니다.

Ich verzichte darauf.
이히 프헤어찌히트 다흐아우프흐

기타 대답

#아마도.

Vielleicht.
프힐라이힡
Vermutlich.
프헤어무틀리히
Möglicherweise.
뫼클리히어브아이즈

#경우에 따라 다르지.

Es kommt darauf an.
에쓰 콤트 다흐아우프흐 안
Es hängt davon ab.
에쓰 행트 다프혼 압

#믿기 어려운데.

Schwer zu glauben.
슈브에어 쭈 글라우븐

#이해했지?

Verstanden?
프헤어슈탄든?
Du weiβt, was ich meine.
두 브아이쓷, 브아쓰 이히 마이느

#제게 시간을 좀 주세요.

Gib mir ein bisschen Zeit.
깁트 미어 아인 비쓰히은 짜잍

잠시 생각 좀 해볼게요.

Lass mich kurz nachdenken.
라쓰 미히 쿠어쯔 나흐뎅큰

장난치지 마!

Mach keine Witze!
마흐 카이느 브잍쯔!

Das soll wohl ein Witz sein!
다쓰 졸 브올 아인 브잍쯔 자인!

Das glaubt man ja nicht!
다쓰 글라웊ㅌ 만 야 니힡!

맞장구칠 때

맞아요.

Richtig.
흐이히티히

저도요.

Ich auch.
이히 아우흐

그게 바로 제가 말하려던 거예요.

Ich bin der gleichen Meinung.
이히 빈 데어 글라이히은 마이눙

Das wollte ich auch sagen.
다쓰 브올트 이히 아우흐 자근

좋은 생각이에요.

Super Idee.
주퍼 이데

Eine gute Idee.
아이느 구트 이데

네, 그렇고 말고요!

Klar!
클라!

Aber ja!
아버 야!

동의합니다.

Ich bin dafür.
이히 빈 다프휘어

그럴 거라고 생각해요.

Ich vermute es (so).
이히 프헤어무트 에쓰 (조)

Ich nehme es (so) an.
이히 네므 에쓰 (조) 안

73

맞장구치지 않을 때

#그래요?

Wirklich?
브이어클리히?
Echt?
에힡?

#그럴 리가요.

Auf keinen Fall.
아우프흐 카이는 프할
Niemals.
니말쓰
Nicht möglich.
니힡 뫼클리히
Das kann nicht wahr sein.
다쓰 칸 니힡 브아 자인

#그럴지도 모르죠.

Kann sein.
칸 자인
Möglicherweise.
뫼클리히어브아이즈

#잘 모르겠어요.

Weiβ ich nicht genau.
브아이쓰 이히 니힡 그나우

#꼭 그렇지는 않아요.

Das ist nicht immer so.
다쓰 이슽 니힡 임머 조
Das stimmt nicht immer.
다쓰 슈팀ㅌ 니힡 임머

\# 저는 좀 생각이 달라요.

Ich bin anderer Meinung.
이히 빈 안더허 마이눙

Ich denke anders.
이히 뎅크 안더쓰

\# 너도 그렇게 생각해?

Bist du dafür?
비슫 두 다프휘어?

Glaubst du, dass ist richtig?
글라웊슫 두, 다쓰 이슫 흐이히티히?

반대할 때

\# 반대합니다.

Ich bin dagegen.
이히 빈 다게근

Ich widerspreche.
이히 브이더슈프흐에히으

\# 말도 안 되는 소리하지 마.

Ach Quatsch.
아흐 크브앝츄

Rede keinen Unsinn.
흐에드 카이는 운진

\# 네 의견에 동의하지 않아.

Ich bin nicht deiner Meinung.
이히 빈 니힡 다이너 마이눙

Ich stimme dir nicht zu.
이히 슈팀므 디어 니힡 쭈

#그 계획에 반대합니다.

Ich bin gegen diesen Plan.
이히 빈 게근 디즌 플란

Ich kann diesem Plan nicht zustimmen.
이히 칸 디즘 플란 니힡 쭈슈팀믄

#너도?
나도 아니야.

Bist du auch dagegen? Ich auch.
비슫 두 아우흐 다게근? 이히 아우흐

Du auch? Ich bin auch dagegen.
두 아우흐? 이히 빈 아우흐 다게근

Schritt 6 주의 & 충고

주의를 줄 때

#조심해!

Vorsicht!
프호어지힡!
Pass auf!
파쓰 아우프흐!

#차 조심해.

Pass auf die Autos auf.
파쓰 아우프흐 디 아우토쓰 아우프흐
Achten Sie auf die Autos.
아흐튼 지 아우프흐 디 아우토쓰

#말 조심해.

Sei vorsichtig, was du sagst.
자이 프호어지히티히, 브아쓰 두 작슽
Pass auf, was du sagst.
파쓰 아우프흐, 브아쓰 도 작슽

#마음대로 좀 하지 마라.

Sei doch nicht so egoistisch.
자이 도흐 니힡 조 에고이스티슈

예의에 맞게 행동하세요.

Verhalten Sie sich bitte angemessen.
프헤어할튼 지 지히 비트 안그메쓴

Benimm dich bitte. (반말)
브님 디히 비트

거짓말하지 마!

Lüg nicht!
뤽 니힡!

Lüg mich nicht an!
뤽 미히 니힡 안!

비밀 지켜.

Behalte das Geheimnis für dich.
브할트 다쓰 그하임니쓰 프휘어 디히

Nicht weitersagen.
니힡 브아이터자근

조용히 해!

(Sei) Ruhig!
(자이) 흐우이히!

(Sei) Leise!
(자이) 라이즈!

날 귀찮게 하지 마.

Lass mich in Ruhe.
라쓰 미히 인 흐우흐

Ärgere mich nicht.
애어거흐 미히 니힡

들어오기 전에
노크해라.

Klopf bitte an, bevor du reinkommst. (반말)
클로프흐 비트 안, 브프호어 두 흐아인콤슽

Bitte anklopfen, bevor Sie eintreten. (존댓말)
비트 안클로프흔, 브프호어 지 아인트흐에튼

입에 가득 넣고
말하지 마.

Spreche nicht mit vollem Mund.
슈프흐에히으 니힡 밑 프홀름 뭍ㅌ

이곳은
촬영금지입니다.

Fotografieren verboten.
프호토그흐아프히어흔 프헤어보튼

Bitte nicht fotografieren.
비트 니힡 프호토그흐아프히어흔

애완견은
출입금지입니다.

Hunde verboten.
훈드 프헤어보튼

Hier sind keine Hunde erlaubt.
히어 진ㅌ 카이느 훈드 에어라웊ㅌ

Kapitel 1.

\# 역에서 소매치기를 조심하세요.

Achten Sie auf Ihr Gepäck.
아흐튼 지 아우프흐 이어 그팩

Achten Sie auf Taschendiebe.
아흐튼 지 아우프흐 타슌디브

충고할 때

\# 날 실망시키지 마.

Enttäusche mich nicht.
엔토이슈 미히 니힡

\# 명심해라.

Merk dir das. (반말)
메억 디어 다쓰

Denken Sie daran. (존댓말)
뎅큰 지 다흐안

Schreib dir das hinter die Ohren. (어린 아이들에게 말할 때)
슈흐아입 디어 다쓰 힌터 디 오어흔

\# 최선을 다해라.

Tu dein Bestes.
투 다인 베스트쓰

Gib alles.
깁 알르쓰

심각하게 받아들이지 마.
Nimm das nicht so ernst.
님 다쓰 니힡 조 에언슽

절대 포기하지 마.
Gib niemals auf.
깊 니말쓰 아우프흐

시간을 아껴 써라.
Zeit ist Geld.
짜잍 이슽 겔ㅌ
Spar dir die Zeit.
슈파 디어 디 짜잍

무엇이든 꾸준히 하는 게 중요해.
Es ist wichtig etwas regelmäßig zu machen.
에쓰 이슽 브이히티히 엩브아쓰 흐에글매씨히 쭈 마흔

문제에 맞서 봐.
Du musst dich dem Problem stellen.
두 무슽 디히 뎀 프흐오블램 슈텔른

내숭 떨지 마.
Guck nicht so unschuldig.
쿡 니힡 조 운슐디히

너무 기대하지 마.
Erwarte nicht zu viel.
에어브아트 니힡 쭈 프힐

#실수를
두려워하지 마라.

Hab keine Angst vor Fehlern.
합 카이느 앙슽 프호어 프헬런

Aus Fehlern lernt man.
아우쓰 프헬런 레언트 만

#노력하라.

Bemühe dich.
브뮈흐 디히

Gib dir Mühe.
깁 디어 뮈흐

#앞으로 더 좋은
기회가 있을 거야.

Es wird bessere Gelegenheiten geben.
에쓰 브이얻 베써흐 글레근하이튼 게븐

#은혜를 원수로
갚지 마라.
(자기가 앉아 있는
가지를 자르지 마라.)

Man sollte nicht den Ast absägen, auf dem man sitzt.
만 졸트 니힡 덴 아슽 압재근, 아우프흐 뎀 만 짙쯭

Schritt 7 의견

존경하다

MP3. K01_S07

저는 우리 부모님을 존경해요.
Ich respektiere meine Eltern.
이히 흐에스펙티어흐 마이느 엘턴

많은 사람들이 그를 존경해요.
Viele Menschen respektieren ihn.
프힐르 멘슈 흐에스펙티어흔 인

Er wird von vielen Menschen respektiert.
에어 브이얼 프혼 프힐른 멘슈 흐에스펙티얼

당신 같은 대단한 사람을 알게 되어 영광입니다.
Es ist mir eine Ehre jemanden wie Sie kennen zu lernen.
에쓰 이슽 미어 아이느 에어흐 예만든 브이 지 켄느 쭈 레어는

그 사람처럼 되고 싶어요.
Ich möchte genau so sein wie er.
이히 뵈히트 그나우 조 자인 브이 에어

우린 그에게 배울 점이 많아요.
Wir können viel von ihm lernen.
브이어 쾬는 프힐 폰 임 레어느

당신의 재능을 높이 평가해요.
Ich schätze Ihr Talent sehr.
이히 슈앹쯔 이어 탈렌트 제어

칭찬하다

정말 훌륭해!
Perfekt!
페어프헤클트!
Wunderbar!
브운더바!
Bravo!
브흐아브오!
Fantastisch!
프한타스티슈!

잘했어요.
(Das hast du) Gut gemacht.
(다쓰 하슽 두) 굳 그마흩

잘하네!
Du bist gut darin!
두 비슽 굳 다흐인!

#수영을 잘 하네요.

Sie sind gut im Schwimmen.
지 진트 굳 임 슈브임믄

#(옷·소품 등이) 너한테 정말 잘 어울려.

Es passt gut zu dir.
('잘 맞는다'라는 뜻도 됨)
에쓰 파슫 굳 쭈 디어

(Es) Steht dir gut.
(에쓰) 슈텔 디어 굳

Du siehst gut darin aus.
두 지슫 굳 다흐인 아우쓰

#정말 예쁘다!

Sehr schön!
제어 슈왼!

#비교할 수 없어.

Man kann das nicht vergleichen.
만 칸 다쓰 니힡 프헤어글라이히은

Es ist nicht vergleichbar.
에쓰 이슫 니힡 프헤어글라이히바

격려하다

\# 힘내!

Nur Mut!
누어 뭍!
Kopf hoch!
콮흐 호흐!

\# 행운을 빌어.

Viel Glück.
프힐 글뤽
Toi toi toi.
토이 토이 토이
Ich drücke dir die Daumen.
이히 드흐웤크 디어 디 다우믄

\# 포기하지 마.

Nicht aufgeben.
니힡 아우프흐게븐
Gib nicht auf.
깁 니힡 아우프흐

\# 다음번에는 나아질 거야.

Es wird jedes Mal besser.
에쓰 브이얼 예드쓰 말 베써
Beim nächsten Mal wird es besser.
바임 내흐스튼 말 브이얼 에쓰 베써

잘할 수 있을 거야.

Du schaffst das.
두 슈아프흐슽 다쓰

Du kannst es schaffen.
두 칸슽 에쓰 슈아프흔

나는 네 편이야.

Ich bin auf deiner Seite.
이히 빈 아우프흐 다이너 자이트

Ich stehe hinter dir.
이히 슈테흐 힌터 디어

자신감을 가져. (자신을 믿어.)

Hab Vertrauen zu dir.
합 프헤어트흐아우은 쭈 디어

Sei stolz auf dich.
자이 슈톨쯔 아우프흐 디

부탁하다

도와주세요!

Hilfe!
힐프흐!

Hilf mir!
힐프흐 미어!

부탁 하나 해도 될까?

Darf ich dich um einen Gefallen bitten?
닾흐 이히 디히 움 아이는 그프할른 비튼?

Kannst du mir einen Gefallen tun?
칸슽 두 미어 아이는 그프할른 툰?

87

#당신 걸 좀 빌려줄래요?

Kann ich mir kurz etwas leihen?
칸 이히 미어 쿠어쯔 엘브아쓰 라이흔?

Darf ich das kurz benutzen?
닾흐 이히 다쓰 쿠어쯔 브눝쯘?

#전화 좀 써도 될까?

Darf ich dein Telefon benutzen?
닾흐 이히 다인 텔레프혼 브눝쯘?

#통화 좀 하고 와도 될까요?

Darf ich kurz telefonieren?
닾흐 이히 쿠어쯔 텔레프호니어흔?

#저와 함께 갈래요?

Wollen Sie mitkommen?
브올른 지 밑콤믄?

Kommen Sie mit?
콤믄 지 밑?

#좀 태워다 주실래요?

Können Sie mich mitnehmen?
쾬는 지 미히 밑네믄?

#제 가방 잠시 좀 들어 주실래요?

Könnten Sie kurz meine Tasche halten?
쾬튼 지 쿠어쯔 마이느 타슈 할튼?

재촉하다

#서둘러!

Schnell!
슈넬!
Beeil dich!
브아일 디히!

#어서 출발합시다.

Lass uns losfahren.
라쓰 운쓰 로쓰프하흔

#제가 지금 좀 급합니다.

Ich muss mich beeilen.
이히 무쓰 미히 브아일른
Ich bin in Eile.
이히 빈 인 아일르

#기한이 내일까지예요.

Die Frist ist bis morgen.
디 프흐이슽 이슽 비쓰 모어근
Es muss bis morgen fertig werden.
에쓰 무쓰 비쓰 모어근 프헤어티히 브에어든

#우린 시간이 없어요.

Wir haben keine Zeit.
브이어 하븐 카이느 짜잍
Wir sind schon spät dran.
브이어 진ㅌ 슈온 슈퍁 드흐안

빨리 올 수 있어?
Kannst du schnell kommen?
칸슽 두 슈넬 콤믄?

재촉하지 마.
Hetze mich nicht (so).
헬쯔 미히 니힡 (조)
Mach keinen Stress.
마흐 카이는 슈트흐에쓰
Treib mich nicht zur Eile.
트흐아잎 미히 니힡 쭈어 아일르

긍정적 추측

아마도.
Vielleicht.
프힐라이힡
(Es) Kann sein.
(에쓰) 칸 자인

그럴 줄 알았어.
Ich habe es gewusst.
이히 하브 에쓰 그브우슽
Wie gedacht.
브이 그다흘
Ich habe es doch gesagt.
이히 하브 에쓰 도흐 그자킅

#네 추측이 맞았어.

Du hattest Recht.
두 핱트슽 흐에힡
Deine Vermutung war richtig.
다이느 프헤어무퉁 브아 흐이히티히

#충분히 가능해요.

Mag sein.
막 자인
Es ist gut möglich.
에쓰 이슽 굳 뫼클리히

#그냥 내 멋대로 추측했어요.

Es war nur eine Vermutung.
에쓰 브아 누어 아이느 프헤어무퉁

#그는 잘할 수 있을 거예요.

Er wird es schaffen.
에어 브이엍 에쓰 슈아프흔
Er wird es erfolgreich erledigen.
에어 브이엍 에쓰 에어프홀크흐아이히 에어레디근
Er wird das packen.
에어 브이엍 다쓰 팍큰

부정적 추측

#가능성이
희박해요.

Die Chancen sind gering.
디 슈앙쓴 진ㅌ 그흐잉

Die Chancen stehen schlecht.
디 슈앙쓴 슈테흔 슐레힡

Es gibt kaum Möglichkeiten.
에쓰 깁ㅌ 카움 뫼클리히카이튼

#당신이
오리라고는 전혀
생각 못 했어.

Ich hätte nicht gedacht, dass du kommst.
이히 햍트 니힡 그다흩, 다쓰 두 콤슽

Ich habe nicht damit gerechnet, dass du kommst.
이히 하브 니힡 다밑 그흐에히늩, 다쓰 두 콤슽

#그가 집에 아직
없을 것 같은데요.

Es sieht so aus, als wäre er noch nicht zu Hause.
에쓰 짙 조 아우쓰, 알쓰 브애어흐 에어 노흐 니힡 쭈 하우즈

Ich glaube, er ist noch nicht zu Hause.
이히 글라우브, 에어 이슽 노흐 니힡 쭈 하우즈

거의 불가능해요.

Es ist fast unmöglich.
에쓰 이슽 프하슽 운뫼클리히

Es gibt kaum Alternativen.
에쓰 깁ㅌ 카움 알터나티븐

너 정말 성공할 거라고 생각해?

Glaubst du wirklich, dass das klappt?
글라웊슽 두 브이어클리히, 다쓰 다쓰 클라픝?

Glaubst du wirklich, dass das gelingen wird?
글라웊슽 두 브이어클리히, 다쓰 다쓰 그링은 브이엍?

Glaubst du, dass du da Erfolg haben wirst?
글라웊슽 두, 다쓰 두 다 에어프홀ㅋ 하븐 브이어슽?

동정하다

안됐네.

Was für ein Pech.
브아쓰 프휘어 아인 페히

유감이네요.

Es tut mir leid.
에쓰 툴 미어 라잍

#너무 실망하지 마세요.
> **Sei nicht (so) enttäuscht.**
> 자이 니힡 (조) 엔트오이슡

#흔히 있는 일이에요.
> **Das passiert allen mal.**
> 다쓰 파씨엍 알른 말
>
> **Das ist völlig normal.**
> 다쓰 이슽 프횔리히 노어말

#운이 없었네요.
> **Pech gehabt.**
> 페히 그합트
>
> **Was für ein Unglück.**
> 브아쓰 프휘어 아인 운글뤽

#불쌍한 것.
> **Du Ärmster.**
> 두 애엄스터
>
> **Ach, du Arme.**
> 아흐, 두 아므

비난하다

#창피한 줄 알아라!
> **Schäm dich!**
> 슈앰 디히!
>
> **Was für eine Schande!**
> 브아쓰 프휘어 아이느 슈안드!

바보 같아!

Du Dummkopf!
두 둠콮흐!
Wie blöd!
브이 블뢷!
Wie dumm!
브이 둠!

너 미쳤구나!

Bist du verrückt?
비슽 두 프헤어흐위킅?
Bist du wahnsinnig?
비슽 두 브안진니히?
Spinnst du?
슈핀슽 두?
Geht's noch?
겓츠 노흐?

구역질 나!

Ekelhaft!
에클하픝!
Das ist eklig!
다쓰 이슽 에클리히!
Das ist widerlich!
다쓰 이슽 브이더리히!

정말 뻔뻔하군.

Du bist ja ganz schön unverschämt.
두 비슽 야 간쯔 슈왼 운프헤어슈앰트

정말 모르겠어?

Das weißt du nicht?
다쓰 브아이쓷 두 니힡?

Du weißt das echt nicht?
두 브아이쓷 다쓰 에힡 니힡?

왜 이러는 거야?

Was soll das?
브아쓰 졸 다쓰?

Warum benimmst du dich so?
브아흐움 브님슫 두 디히 조?

어떻게 내게 감히 그렇게 말할 수 있어!

Wie können Sie es wagen, so mit mir zu sprechen! (존댓말)
브이 쾬는 지 에쓰 브아근, 조 밑 미어 쭈 슈프흐에히은!

Was fällt dir ein, so mit mir zu sprechen! (반말)
브아쓰 프핼ㅌ 디어 아인, 조 밑 미어 쭈 슈프흐에히은!

진짜 유치해.

Du benimmst dich kindisch.
두 브님슫 디히 킨디슈

Du bist so kindisch.
두 비슫 조 킨디슈

\# 철 좀 들어라!

Werde erwachsen!
브에어드 에어브아흐쓴!

Benimm dich wie ein Erwachsener!
브님 디히 브이 아인 에어브아흐쓰너!

\# 바보짓 하지 마!

Mach keinen Quatsch!
마흐 카이는 크브앝츄!

Sei kein Kasper!
자이 카인 카스퍼!

Mach keine Faxen!
마흐 카이느 프학쓴!

Schritt 8 좋은 감정

기쁘다

몹시 기뻐요.

Ich freue mich sehr.
이히 프흐오이으 미히 제어

Ich bin sehr froh.
이히 빈 제어 프흐오

정말 기분이 좋아요!

Ich bin gut gelaunt!
이히 빈 굳 그라운트!

Ich bin gut drauf!
이히 빈 굳 드흐아우프흐!

Ich fühle mich gut!
이히 프휠르 미히 굳!

날아갈 듯이 기뻤어요.

Ich bin vor Freude an die Decke gesprungen.
이히 빈 프호어 프흐오이드 안 디 덱크 그슈프흐웅은

너무 기뻐서 말이 안 나와요.

Ich kann gar nicht beschreiben, wie glücklich ich bin.
이히 칸 가 니힡 브슈흐아이븐, 브이 글뤼클리히 이히 빈

내 평생 최고의 하루였어요.

Heute war der beste Tag meines Lebens.
호이트 브아 데어 베스트 탁 마이느쓰 레븐쓰

제 기쁨입니다.
(상대가 고마움을 표시하자 오히려 자신이 기쁘다고 할 때)

Es ist mir eine Freude.
에쓰 이슽 미어 아이느 프흐오이드

Die Freude ist ganz meinerseits.
디 프흐오이드 이슽 간쯔 마이너자잍츠

Es war mir ein Vergnügen.
에쓰 브아 미어 아인 프헤어그뉘근

그 말을 들으니 기뻐요.

Das freut mich zu hören.
다쓰 프흐오읻 미히 쭈 회어흔

Es freut mich sehr das zu hören.
에쓰 프흐오읻 미히 제어 다쓰 쭈 회어흔

당신과 함께 해서 즐거웠어요.

Es war mir eine Freude mit Ihnen.
에쓰 브아 미어 아이느 프흐오이드 밑 이는

Kapitel 1.

그들은 아주 들떠 있어요.

Sie sprudeln ja vor Freude.
지 슈프흐우들ㄴ 야 프호어 프흐오이드

Sie sind ja ganz aus dem Häuschen.
지 진ㅌ 야 간쯔 아우쓰 뎀 호이쓰히은

난 정말 행운아야.

Ich fühle mich, wie Hans im Glück.
이히 프휠르 미히, 브이 한쓰 임 글뤽

Mensch, bin ich ein Glückspilz.
멘슈, 빈 이히 아인 글뤽쓰필쯔

Ich bin vielleicht ein Glückskind.
이히 빈 프힐리이힡 아인 글뤽쓰킨ㅌ

제 마음에 들어요.

Das gefällt mir sehr gut.
다쓰 그프핼ㅌ 미어 제어 굳

행복하다

 # 저는 행복해요.

Ich bin glücklich.
이히 빈 글뤼클리히

 # 더 이상 행복할 수 없어요.

Es könnte nicht besser sein.
에쓰 쾬트 니힡 베써 자인

Es könnte nicht besser laufen.
에쓰 쾬트 니힡 베써 라우프흔

 # 내 인생에 이보다 더 행복했던 적은 없었어요.

Ich war noch nie so glücklich in meinem Leben.
이히 브아 노흐 니 조 글뤼클리히 인 마이늠 레븐

Ich war noch nie so glücklich wie jetzt.
이히 브아 노흐 니 조 글뤼클리히 브이 옡쯭

 # 하느님 감사합니다!

Gott sei Dank!
곹 자이 당크!

Zum Glück!
쭘 글뤽!

꿈만 같아요.

Das ist zu schön um wahr zu sein.
다쓰 이슽 쭈 슈왼 움 브아 쭈 자인
Es ist wie im Traum.
에쓰 이슽 브이 임 트흐아움

꿈이 이루어졌어요.

Meine Wünsche sind in Erfüllung gegangen.
마이느 브원슈 진ㅌ 인 에어프휠룽 그강은
Ich habe meinen Traum verwirklicht.
이히 하브 마이느 트흐아움 프헤어브이어클리힡
Ich habe mein Ziel erreicht.
이히 하브 마인 찔 에어흐아이힡

당신은 행복한가요?

Sind Sie glücklich?
진 지 글뤼클리히?
Geht es Ihnen gut?
겓 에쓰 이느 궅?

대성공이에요.

Das war ein voller Erfolg.
다쓰 브아 아인 프홀러 에어프홀ㅋ
Das war ein Volltreffer.
다쓰 브아 아인 프홀트흐에프허

네가 있어 아주 행복해.
Ich bin sehr glücklich mit dir.
이히 빈 제어 글뤼클리히 밑 디어

내가 그 순간 얼마나 행복했는지 말로 표현할 수 없어요.
Ich kann nicht sagen, wie glücklich ich damals war.
이히 칸 니힡 자근, 브이 글뤼클리히 이히 다말쓰 브아

안심하다

정말 안심했어요!
Das beruhigt mich!
다쓰 브흐우이클 미히!

Ich bin erleichtert!
이히 빈 에어라이히털!

마음이 놓이네요.
Ich fühle mich erleichtert.
이히 프휠르 미히 에어라이히털

Mir ist ein Stein vom Herzen gefallen.
미어 이슽 아인 슈타인 프홈 헤어쯘 그프할른

진정해!
Beruhige dich!
브흐우이그 디히!

걱정 마!

Keine Sorge!
카이느 조어그!

그 문제는 안심하셔도 돼요.

Mach dir keine Sorgen darüber.
마흐 디어 카이느 조어근 다흐위버

그 소식을 들으니 안심이 돼요.

Diese Nachricht erleichtert mich.
디즈 나흐이힡 에어라이히털 미히

Das ist beruhigend zu wissen.
다쓰 이슽 브흐우이근ㅌ 쭈 브이쓴

제 남편은 제게 믿음을 줘요.

Ich vertraue meinem Mann.
이히 프헤어트흐아우으 마이늠 만

Ich kann meinem Mann vertrauen.
이히 칸 마이늠 만 프헤어트흐아우은

분명 당신은 방법을 찾을 거예요.

Sie werden eine Lösung für das Problem finden.
지 브에어든 아이느 뢰중 프휘어 다쓰 프흐오블램 프힌든

Sicherlich werden Sie einen Weg finden.
지히얼리히 브에어든 지 아이느 브엑 프힌든

너와 있으면 편해.

Mit dir fühle ich mich sicher.
밑 디어 프휠르 이히 미히 지히어

Du gibst mir Halt.
두 깁슽 미어 할ㅌ

너무 안심하지 마.

Fühlen Sie sich nicht zu sicher. (존댓말)
프휠른 지 지히 니힡 쭈 지히어

Fühle dich nicht zu sicher. (반말)
프휠르 디히 니힡 쭈 지히어

Sei deiner Sache nicht zu gewiss. (반말)
자이 다이너 자흐 니힡 쭈 그브이쓰

만족하다

정말 만족스러워요.

Ich bin sehr zufrieden.
이히 빈 제어 쭈프흐이든

내 삶에 대만족이에요.

Ich bin sehr zufrieden mit meinem Leben.
이히 빈 제어 쭈프흐이든 밑 마이늠 레븐

나는 그것에 만족해요.

Das reicht mir.
다쓰 흐아이힡 미어

Es genügt mir.
에쓰 그뉘큳 미어

Es ist genug für mich.
에쓰 이슽 그눅 프휘어 미히

만족스러운 결과였어요.

Das Ergebnis war befriedigend.
다쓰 에어겝니쓰 브아 브프흐이디근ㅌ

Es war ein zufriedenstellendes Ergebnis.
에쓰 브아 아인 쭈프흐이든슈텔른드쓰 에어겝니쓰

Das Ergebnis ist gut genug.
다쓰 에어겝니쓰 이슽 굳 그눅

\# 그는 그 생각에 매우 만족했어요.

Er fand die Idee sehr gut.
에어 프한트 디 이데 제어 굳

Die Idee hat ihm sehr gefallen.
디 이데 핱 임 제어 그프할른

\# 그는 스스로를 자랑스러워하고 있다.

Er ist zufrieden mit sich selbst.
에어 이슽 쭈프흐이든 밑 지히 젤프슬트

Er ist stolz auf sich.
에어 이슽 슈톨쯔 아우프흐 지히

\# 하루 두 끼 식사면 돼요.

Zwei Mahlzeiten am Tag reichen mir.
쯔브아이 말짜이튼 암 탁 흐아이히은 미어

Zweimal am Tag zu essen reicht mir.
쯔브아이말 암 탁 쭈 에쓴 흐아이힡 미어

\# 그것을 읽어볼 수 있어 기뻐요.

Es freut mich, das lesen zu dürfen.
에쓰 프흐오잍 미히, 다쓰 레즌 쭈 뒤어프흔

Kapitel 1.

107

충분하다

#그만하면 충분해요.

(Es ist) Genug.
(에쓰 이슫) 그눅

Es reicht.
에쓰 흐아이힡

#전 자유 시간이 충분해요.

Ich habe ausreichend Freizeit.
이히 하브 아우쓰흐아이히은ᄐ 프흐아이짜읻

Ich habe genug Freizeit.
이히 하브 그눅 프흐아이짜읻

#이 나라는 돈이 넘쳐 나요.

Das Land ist reich genug.
다쓰 란ᄐ 이슫 흐아이히 그눅

#한 아이를 치료하는 데 5유로면 충분해요.

Fünf Euro reichen, um einem Kind zu helfen.
프휜프흐 오이흐오 흐아이히은, 움 아이늠 킨ᄐ 쭈 헬프흔

Um einem Kind zu helfen, brauchen Sie nur fünf Euro.
움 아이늠 킨ᄐ 쭈 헬프흔, 브흐아우흔 지 누어 프휜프흐 오이흐오

카페에서 조금만 시간을 보내면 돼요.

Ich vertreibe mir die Zeit etwas im Café.
이히 프헤어트흐아이브 미어 디 짜일 엘브아쓰 임 카프헤

Ich muss mir meine Zeit im Café nicht lange vertreiben.
이히 무쓰 미어 아이느 짜일 임 카프헤 니힡 랑으 프헤어트흐아이븐

한마디면 돼.

Ein Wort reicht.
아인 브오얼 흐아이힡

Ein Wort genügt.
아인 브오얼 그뉘클

재미있다

아주 재미있었어요!

Es war aufregend!
에쓰 브아 아우프흐흐에근트!

Es hat sehr viel Spaß gemacht!
에쓰 핱 제어 프힐 슈파쓰 그마흩!

Es war spannend!
에쓰 브아 슈판는트!

Es hat Spaß gemacht!
에쓰 핱 슈파쓰 그마흩!

정말 웃겨요!

Das ist sehr komisch!
다쓰 이슽 제어 코미슈!

Das ist wirklich witzig!
다쓰 이슽 브이어클리히 브잍찌히

정말 즐거워요.

Es macht Spaß.
에쓰 마흩 슈파쓰

Es ist unterhaltsam.
에쓰 이슽 운터할ㅌ잠

멋진 생각이에요!

Eine gute Idee!
아이느 구트 이데!

Es hört sich gut an!
에쓰 회엍 지히 굳 안!

Die Idee ist fantastisch!
디 이데 이슽 프한타스티슈!

Das ist eine großartige Idee!
다쓰 이슽 아이느 그흐오쓰아티그 이데!

즐거운 시간 보냈어요.

Ich hatte eine schöne Zeit.
이히 핱트 아이느 슈외느 짜잍

Es war eine wundervolle Zeit.
에쓰 브아 아이느 브운더프홀르 짜잍

잊지 못할 거예요.

Ich werde es nie vergessen.
이히 브에어드 에쓰 니 프헤어게쓴

#너무 재미있어서 웃음이 멈추질 않아요.

Ich kann nicht aufhören zu lachen.
이히 칸 니힡 아우프흐회어흔 쭈 라흔

Es ist so lustig, dass ich nicht aufhören kann zu lachen.
에쓰 이슽 조 루스티히, 다쓰 이히 니힡 아우프흐회어흔 칸 쭈 라흔

#배꼽 빠지는 줄 알았어.

Ich habe mich halb totgelacht.
이히 하브 미히 할ㅂ 톹그라흩

#웃기는 얘기네요.

Es ist eine lustige Geschichte.
에쓰 이슽 아이느 루스티그 그슈이히트

Die Geschichte ist sehr lustig.
디 그슈이히트 이슽 제어 루스티히

#그는 우스꽝스러운 표정을 지었어요.

Er macht lustige Gesichtsausdrücke.
에어 마흩 루스티그 그지힡츠아우쓰드흐윅크

Er macht lustige Grimassen.
에어 마흩 루스티그 그흐이마쓴

Schritt 9 좋지 않은 감정   MP3. K01_S09

슬프다

#슬퍼요.

> Ich bin traurig.
> 이히 빈 트흐아우흐이히

#우울해요.

> Ich bin deprimiert.
> 이히 빈 데프흐이미얼
>
> Ich bin unglücklich.
> 이히 빈 운글뤼클리히
>
> Ich habe schlechte Laune.
> 이히 하브 슐레히트 라우느

#너무 괴로워요.

> Ich bin sehr verzweifelt.
> 이히 빈 제어 프헤어쯔브아이프흘트
>
> Ich leide sehr.
> 이히 라이드 제어
>
> Ich weiβ nicht was ich noch machen soll.
> 이히 브아이쓰 니힡 브아쓰 이히 노흐 마흔 졸

# 마음이 아파요.	**Es bricht mir das Herz.** 에쓰 브흐이힡 미어 다쓰 헤어쯔 **Es schmerzt mich.** 에쓰 슈메어쯭 미히 **Es zerreißt mir das Herz.** 에쓰 쩨어흐아이쓷 미어 다쓰 헤어쯔
# 세상이 끝나는 것 같아요.	**Für mich geht die Welt unter.** 프휘어 미히 겥 디 브엘ㅌ 운터
# 절망적이에요. (저는 희망이 없어요.)	**Es ist hoffnungslos.** 에쓰 이슽 호프흐눙쓰로쓰 **Ich habe keine Hoffnung.** 이히 하브 카이느 호프흐눙
# 저는 지금 출구가 없는 상황이에요.	**Ich sehe keinen Ausweg.** 이히 제흐 카이는 아우쓰브엑 **Ich befinde mich in einer ausweglosen Lage.** 이히 브프힌드 미히 인 아이너 아우쓰브엑로즌 라그
# 가슴이 찢어지는 것 같았어요.	**Es brach mir das Herz.** 에쓰 브흐아흐 미어 다쓰 헤어쯔

Kapitel 1.

113

지금 농담할 기분이 아니에요.

Mir ist nicht nach Scherzen zumute.
미어 이슽 니힡 나흐 슈에어쯘 쭈무트

Ich bin nicht in der Stimmung zu scherzen.
이히 빈 니힡 인 데어 슈팀뭉 쭈 슈에어쯘

Ich habe keine Lust auf Scherze.
이히 하브 카이느 루슽 아우프흐 슈에어쯔

사랑의 슬픔은 오래가요.

Liebeskummer dauert lang.
리브쓰쿰머 다우얼 랑

Liebeskummer dauert seine Weile.
리브쓰쿰머 다우얼 자이느 브아일르

그를 돕지 못해 상심이 커요.

Es tut mir leid, dass ich ihm nicht helfen konnte.
에쓰 툴 미어 라잍, 다쓰 이히 임 니힡 헬프흔 콘트

고향이 그리워요.

Ich habe Heimweh.
이히 하브 하임브에

실망하다

#실망이야!

Was für eine Enttäuschung!
브아쓰 프휘어 아이느 엔트토이슝!

#그거 실망인데.

Ich bin enttäuscht.
이히 빈 엔트토이슈트

Das ist ja enttäuschend.
다쓰 이슽 야 엔트토이슈느트

Das entspricht nicht meiner Erwartung.
다쓰 엔트슈프흐이힡 니힡 마이너 에어브아퉁

#모두 허사라니.

Es ist nichts daraus geworden.
에쓰 이슽 니힡츠 다흐아우쓰 그브오어든

Es hat sich in Rauch aufgelöst.
에쓰 핱 지히 인 흐아우흐 아우프흐그뢰슽

시간 낭비였어.

Es war eine Zeitverschwendung.
에쓰 브아 아이느 짜잍프헤어슈브엔둥

Wir haben die Zeit verschwendet.
브이어 하븐 디 짜잍 프헤어슈브엔들

노력이 허사가 되어 버렸어.

Unsere Bemühung war umsonst.
운저흐 브뮈훙 브아 움존슽

Die vielen Mühen waren umsonst.
디 프힐른 뮈흔 브아흔 움존슽

Unsere Anstrengungen haben sich nicht gelohnt.
운저흐 안슈트흐엥웅은 하븐 지히 니힡 그론트

Unsere Anstrengungen haben nichts genutzt.
운저흐 안슈트흐엥웅은 하븐 니힡츠 그눁쯭

나를 실망시키지 마.

Enttäusche mich nicht.
엔트토이슈 미히 니힡

정말 유감입니다.

Es ist wirklich schade.
에쓰 이슽 브이어클리히 슈아드

Es tut mir sehr leid.
에쓰 퉅 미어 제어 라잍

\# 웃기지 마.

Unsinn.
운진

Dass ich nicht lache.
다쓰 이히 니힡 라흐

\# 난 이제 망했어.

Ich bin ruiniert.
이히 빈 흐우이니얼

Ich bin fertig.
이히 빈 프헤어티히

\# 너한테 실망했어.

Du hast mich enttäuscht.
두 하슽 미히 엔트토이슅

\# 너를 더 이상 믿지 못하겠어.

Ich kann dir nicht mehr vertrauen.
이히 칸 디어 니힡 메어 프헤어트흐아우은

Ich glaube dir nicht mehr.
이히 글라우브 디어 니힡 메어

Kapitel 1.

화내다

젠장!

Verdammt!
프헤어담트!
Scheiβe! (심한 욕설이니 주의하세요.)
슈아이쓰!
Mist!
미슽!

끔찍해.

Schrecklich.
슈흐엑클리히
Furchtbar.
프후어힡바
Entsetzlich.
엔트젵쯜리히

정말 불쾌해요.

Es ist wirklich unangenehm.
에쓰 이슽 브이어클리히 운안그넴
Das ist nicht sehr angenehm.
다쓰 이슽 니힡 제어 안그넴

닥쳐!

Halt den Mund!
할트 덴 문트!

Halt die Klappe!
할트 디 클랖프!

내 말 끊지 마!

Unterbrich mich nicht!
운터브흐이히 미히 니힡!

너무 화가 나요.

Es macht mich wütend.
에쓰 마흩 미히 브위튼트

Mir platzt der Kragen.
미어 플랕쯭 데어 크흐아근

그 때문에 열 받았어.

Er macht mich wütend.
에어 마흩 미히 브위튼트

Er macht mich zornig.
에어 마흩 미히 쪼어니히

꺼져!

Geh weg!
게 브엑!

너 때문에 화나서 미치겠어.

Du machst mich wahnsinnig.
두 마흐슽 미히 브안진니히

Du treibst mich in den Wahnsinn.
두 트흐아입슽 미히 인 덴 브안진

Du bringst mich noch auf die Palme.
두 브힝슽 미히 노흐 아우프흐 디 팔므

#적당히 해 둬!

Es reicht!
에쓰 흐아이힡!

#이제 제발 그만둬!

Hör jetzt auf!
회어 옐쯭 아우프흐!

#내버려 둬!

Lass mich in Ruhe!
라쓰 미히 인 흐우흐!

Lass mich!
라쓰 미히!

#네가 알 바 아니잖아.

Das geht dich nichts an.
다쓰 겔 디히 니힡츠 안

Kümmere dich um deine eigenen Angelegenheiten!
큄머흐 디히 움 다이느 아이그는 안글레근하이튼!

Kümmere dich um deinen eigenen Kram!
큄머흐 디히 움 다이는 아이그는 크흐암!

참는 것도 한계가 있어.

Es reicht mir.
에스 흐아이힡 미어

Meine Geduld hat Grenzen.
마이느 그둘ㅌ 핱 그흐엔쯘

말이 너무 지나친 거 아니야!

Du gehst zu weit!
두 게슽 쭈 브아잍!

Übertreib es nicht!
위버트흐아잎 에스 니힡!

대체 뭐 하자는 거야?

Was soll das?
브아쓰 졸 다쓰?

Was willst du damit sagen?
브아쓰 브일슽 두 다밑 자근?

나를 뭘로 보는 거야?

Wofür hälst du mich?
브오프휘어 핼슽 두 미히?

Was denkst du denn von mir?
브아쓰 뎅크슽 두 덴 프혼 미어?

바보 취급하지 마.

Mach dich nicht über mich lustig.
마흐 디히 니힡 위버 미히 루스티히

Verkauf mich nicht für dumm.
프헤어카우프흐 미히 니힡 프휘어 둠

밉다

 # 네가 미워!

Ich hasse dich!
이히 하쓰 디히!

 # 나는 그에게 미움을 샀어요.

Ich habe mich bei ihm sehr unbeliebt gemacht.
이히 하브 미히 바이 임 제어 운브맆ㅌ 그마흩

 # 제 인생이 싫어요.

Ich mag mein Leben nicht.
이히 막 마인 레븐 니힡

Ich hasse mein Leben.
이 하쓰 마인 레븐

 # 그가 저를 들볶아요.

Er belästigt mich.
에어 블래스티큳 미히

Er nervt mich.
에어 네어프흩 미히

Er stört mich.
에어 슈퇴엍 미히

그는 증오의 눈으로 나를 보았어요.

Er schaut mich voller Hass an.
에어 슈아웉 미히 프홀러 하쓰 안

Er blickt mich hasserfüllt an.
에어 블릭크트 미히 하쓰에어프휠ㅌ 안

그를 견딜 수가 없어요.

Ich kann ihn nicht ausstehen.
이히 칸·인 니힡 아우쓰슈테흔

Ich ertrage ihn nicht.
이히 에어트흐아그 인 니힡

죄는 미워하되 사람은 미워하지 마라.

Man soll zwar die Sünde verdammen, aber sich des Sünders erbarmen.
만 졸 쯔브아 디 쥔드 프헤어담믄, 아버 지히 데쓰 쥔더쓰 에어바믄

억울하다

#저는 억울해요.
Ich bin unschuldig.
이히 빈 운슐디히
Ich habe keine Schuld.
이히 하브 카이느 슐트

#멀쩡한 사람 잡지 마세요.
Beschuldigen Sie nicht die Falschen.
브슐디근 지 니힡 디 프할슌

#나는 억울함에 눈물을 흘렸다.
Die Demütigung hat mich traurig gemacht.
디 데뮈티궁 핱 미히 트흐아우흐이히 그마흩

#나는 그 소식을 듣고 억울해서 어쩔 줄 몰랐다.
Diese Nachricht hat mich empört.
디즈 나흐이힡 핱 미히 엠푀엍

#그는 억울하게 체포됐다.
Er wurde unschuldig verhaftet.
에어 브우어드 운슐디히 프헤어하프흐틑

#그는 3년 동안 무죄를 호소했어요.
Er beteuerte seine Unschuld für drei Jahre.
에어 브토이어트 자이느 운슐트 프휘어 드흐아이 야흐

\# 제 억울함을
증명해 보이겠어요.

Ich werde meine Unschuld beweisen.
이히 브에어드 마이느 운슐트 브브아이즌

\# 왜 그렇게
분개하는 거야?

Was ärgert dich so?
브아쓰 애어걸 디히 조?

Was macht dich so wütend?
브아쓰 마흘 디히 조 브위튼ㅌ?

후회하다

\# 후회막심이에요.

Ich bereue es.
이히 브흐오이으 에쓰

\# 그에게
사과했어야
하는 건데.

Ich hätte mich bei ihm entschuldigen müssen.
이히 햍트 미히 바이 임 엔트슐디근 뮈쓴

\# 내가 왜 그랬는지
후회가 돼요.

Ich weiß nicht, warum ich das getan habe.
이히 브아이쓰 니힡, 브아흐움 이히 다쓰 그탄 하브

Ich bereue, was ich getan habe.
이히 브흐오이으, 브아쓰 이히 그탄 하브

#전혀 후회하지 않아요.

Ich bedauere es nicht.
이히 브다우어흐 에쓰 니힡

#후회하지 않으실 거예요.

Sie werden es nicht bereuen.
지 브에어든 에쓰 니힡 브흐오이은

Sie werden nicht enttäuscht sein.
지 브에어든 니힡 엔ㅌ토이슡 자인

#너 나중에 후회하게 될 거야.

Du wirst es bereuen.
두 브이어슡 에쓰 브흐오이은

Du wirst es bedauern.
두 브이어슡 에쓰 브다우언

부끄럽다

#제 자신이 부끄러워요.

Ich schäme mich.
이히 슈애프 미히

#당신이 한 일이 부끄럽지도 않아요?

Schämt ihr euch nicht?
슈앰ㅌ 이어 오이히 니힡?

Kapitel 1.

부끄러운 줄 알아!

Schämt euch!
슈앰트 오이히!

Das ist eine Schande!
다쓰 이슽 아이느 슈안드!

전 천성적으로 수줍음을 잘 타요.

Ich bin schon immer schüchtern.
이히 빈 슈온 임머 슈위히턴

그녀는 부끄러움에 얼굴을 붉혔어요.

Sie wurde rot vor Scham.
지 브우어드 흐옽 프호어 슈암

부끄러움에 귀가 화끈거려요.

Das war mir furchtbar peinlich.
다쓰 브아 미어 프후어힡바 파인리히

할 수만 있다면 땅 파고 들어가고 싶어.

Ich wäre am liebsten im Boden versunken.
이히 브애어흐 암 맆스튼 임 보든 프헤어중큰

그는 저를 부끄럽게 여겨요.

Ich bin ihm peinlich.
이히 빈 임 파인리히

Er findet mich peinlich.
에어 프힌듵 미히 파인리히

걱정하다

#무슨 일 있어?

Ist was los?
이슽 브아쓰 로쓰?

Was hast du?
브아쓰 하슽 두?

#걱정거리가 있어?

Hast du Sorgen?
하슽 두 조어근?

Kümmert dich etwas?
큄멑 디히 엩브아쓰?

#긴장했니?

Bist du nervös?
비스트 두 네어브외쓰?

#어디 아프니?

Alles in Ordnung?
알르쓰 인 오얻눙?

Geht es dir nicht gut?
겓 에쓰 디어 니힡 긑?

Was ist mit dir?
브아쓰 이슽 밑 디어?

#오늘 몸이
안 좋아 보여.

Du siehst nicht gut aus.
두 지슽 니힡 긑 아우쓰

Du siehst krank aus.
두 지슽 크흐앙ㅋ 아우쓰

#걱정하지 마.

(Mach dir) Keine Sorgen.
(마흐 디어) 카이느 조어근

#다 잘 될 거야.

Alles wird gut.
알르쓰 브이얼 굳

무섭다

#무서워요.

Ich habe Angst.
이히 하브 앙슽

Es macht mir Angst.
에쓰 마흩 미어 앙슽

#무서워 죽는 줄 알았어요.

Ich sterbe vor Angst.
이히 슈테어브 프호어 앙슽

Ich fürchte mich zu Tode.
이히 프휘어히트 미히 쭈 토드

#소름 끼쳐.
(닭살 돋았어.)

Ich habe Gänsehaut bekommen.
이히 하브 갠즈하웉 브콤믄

Es gruselt mich.
에쓰 그흐우즐ㅌ 미히

Es läuft mir eiskalt den Rücken herunter.
에쓰 로이플 미어 아이쓰칼ㅌ 덴 흐윅큰 헤어흐운터

무서워서 아무것도 할 수 없었어.

Es war so furchtbar, dass ich nichts machen konnte.
에스 브아 조 프후어힡바, 다쓰 이히 니힡츠 마흔 콘트

Ich konnte nichts machen, weil ich zu sehr Angst hatte.
이히 콘트 니힡츠 마흔, 브아일 이히 쭈 제어 앙슽 핱트

간 떨어질 뻔했어요.
(심장마비 걸릴 뻔했어요.)

Ich habe fast einen Herzanfall bekommen.
이히 하브 프하슽 아이는 헤어쯔안프할 브콤믄

당신의 남자에게서 버림받는 것이 두려우세요?

Haben Sie Angst von Ihrem Mann verlassen zu werden?
하븐 지 앙슽 프혼 이어흠 만 프헤어라쓴 쭈 브에어든?

놀라다

 # 맙소사!

Oh, mein Gott!
오, 마인 곹!
Oh, Gott!
오, 곹!
(Du) Meine Güte!
(두) 마이느 귀트!
Du lieber Himmel!
(아이고, 하늘이시여! 나이드신 분들이 주로 사용)
두 리버 힘믈!
Um Gottes Willen!
(주님의 뜻이오니! 나이드신 분들이 주로 사용)
움 곹트쓰 브일른!

 # 놀라운 걸!

Was für eine Überraschung!
브아쓰 프휘어 아이느 위버흐아슝!
Das ist ja erstaunlich!
다쓰 이슽 야 에어슈타운리히!

 # 굉장해!

Wahnsinn!
브안진!
Hervorragend!
헤어프호어흐아근트!

믿을 수 없어!

Unglaublich!
운글라우플리히!

Nicht zu fassen!
니힡 쭈 프하쓴!

Nicht zu glauben!
니힡 쭈 글라우븐!

말도 안 돼!

Auf keinen Fall!
아우프흐 카이느 프할!

Kann doch nicht wahr sein!
칸 도흐 니힡 브아 자인!

Wie bitte!
브이 비트!

설마!
(그럴 리가?)

Niemals!
니말쓰!

Unmöglich!
운뫼클리히!

Tatsächlich!
탙재히리히!

농담이지?

Mach keine Witze?
마흐 카이느 브잍쯔!

그런 농담은 하지 마.

Darüber macht man keine Witze.
다흐위버 마흘 만 카이느 브잍쯔

진심이야?

Meinst du das ernst?
마인슽 두 다쓰 에언슽?

Ist das dein Ernst?
이슽 다스 다인 에언슽?

Bist du dir sicher?
비슽 두 디어 지히어?

Ernsthaft?
엔슽하픝?

내 눈을 믿을 수가 없어.

Ich kann meinen Augen nicht trauen.
이히 칸 마이느 아우근 니힡 트흐아우은

Ich traue meinen Augen nicht.
이히 트흐아우드 마이느 아우근 니힡

금시초문이야.

Das höre ich zum ersten Mal.
다쓰 회어흐 이히 쭘 에어스튼 말

Das ist mir neu.
다쓷 이슽 미어 노이

전혀 예상 밖이야.

Das habe ich nicht erwartet.
다쓰 하브 이히 니힡 에어브아튵

Kapitel 2
사소한 일상에서도!

나의 하루에 대해
독일어로 수다를 떨어 볼까요!
일상생활부터
우리 집, 친구, 날씨, 기념일까지
제대로 이야기해 보아요!

Schritt 1	하루 생활	Schritt 6	집 구하기
Schritt 2	집	Schritt 7	날씨
Schritt 3	초대 & 방문	Schritt 8	전화
Schritt 4	친구 만나기	Schritt 9	명절 & 기념일
Schritt 5	운전 & 교통		

Words

☐ der Morgen /-
데어 모어근 / 디 모어근
n. 아침

☐ der Mittag /-e
데어 밑탁 / 디 밑타그
n. 정오, 대낮

☐ der Abend /-e
데어 아븐트 / 디 아븐드
n. 저녁

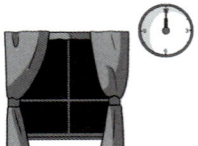

☐ die Nacht /¨e
디 나흩 / 디 내히트
n. 밤, 야간

☐ das Frühstück /-e
다쓰 프흐위스튁 / 디 프흐위스튁크
n. 아침 식사

☐ das Mittagessen /-
다쓰 밑탁에쎈 / 디 밑탁에쎈
n. 점심 식사; 오찬

☐ das Abendessen /-
다쓰 아븐트에쎈 / 디 아븐트에쎈
n. 저녁 식사

☐ schlafen 슐라프흔
v. 자다, 수면하다

☐ **das Schlafzimmer /-**
다쓰 슐라프흐찜머 /
디 슐라프흐찜머
n. 침실

☐ **die Küche /-n**
디 퀴히으 / 디 퀴히은
n. 부엌, 주방

☐ **das Bett /-en**
다쓰 벹 / 디 벹튼
n. 침대

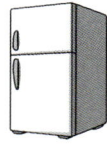

☐ **der Kühlschrank /¨e**
데어 퀼슈흐앙ㅋ / 디 퀼슈흐앵크
n. 냉장고

☐ **das Wohnzimmer /-**
다쓰 브온찜머 / 디 브온찜머
n. 거실

☐ **das Badezimmer /-**
다쓰 바드찜머 / 디 바드찜머
n. 욕실

☐ **das Sofa /-s**
다쓰 조프하 / 디 조프하쓰
n. 소파

☐ **die Waschmaschine /-n**
디 브아슈마슈이느 /
디 브아슈마슈이는
n. 세탁기

Kapitel 2.

137

Schritt 1 하루 생활

일어나기

일어날 시간이야!
Es ist Zeit aufzustehen!
에쓰 이슽 짜잍 아우프흐쭈슈테흔!
Es ist Zeit aufzuwachen!
에쓰 이슽 짜잍 아우프흐쭈브아흔!
Es ist Zeit zum Aufwachen!
에쓰 이슽 짜잍 쭘 아우프흐브아흔!

조금만 더 자고 싶어요.
Ich will noch ein bisschen weiterschlafen.
이히 브일 노흐 아인 비쓰히은 브아이터슐라프흔
Ich möchte noch einen kleinen Moment schlafen.
이히 뫼히트 노흐 아이는 클라이는 모멘트 슐라프흔

일어나, 늦겠어.
Steh auf, sonst kommst du zu spät.
슈테 아우프흐, 존스트 콤슽 두 쭈 슈퍁
Wach auf, oder du wirst dich verspäten.
브아흐 아우프흐, 오더 두 브이어슽 디히 프헤어슈패튼

너무 졸려.

Ich bin zu müde.
이히 빈 쭈 뮈드

오늘 몇 시에 깼어?

Wann bist du heute aufgewacht?
브안 비슽 두 호이트 아우프흐그브아흩?

이제 막 깼어.

Ich bin gerade aufgewacht.
이히 빈 그흐아드 아우프흐그브아흩

내일 아침에 일찍 깨워 주세요.

Bitte wecken Sie mich morgen früh.
비트 브엑큰 지 미히 모어근 프흐위

Würden Sie mich morgen früh wecken?
브위어든 지 미히 모어근 프흐위 브엑큰?

이런, 늦잠을 잤네.

Verdammt, ich habe verschlafen.
프헤어담트, 이히 하브 프헤어슐라프흔

Verdammt, ich bin zu spät aufgestanden.
프헤어담트, 이히 진 쭈 슈퍁 아우프흐그슈탄든

왜 안 깨웠어요?

Warum haben Sie mich nicht aufgeweckt?
브아흐움 하븐 지 미히 니힡 아우프흐그브에큳?

미안, 나도 어제 밤을 새서 늦잠을 잤어.

Entschuldigung, ich habe gestern auch kein Auge zugemacht und habe verschlafen.
엔트슐디궁, 이히 하브 게스턴 아우흐 카인 아우그 쭈그마흍 운트 하브 프헤어슐라프흔

전 보통 아침 일찍 일어나요.

Ich wache meistens sehr früh auf.
이히 브아흐 마이스튼쓰 제어 프흐위 아우프흐

난 아침형 인간이야.

Ich bin ein Frühaufsteher.
이히 빈 아인 프흐위아우프흐슈테허

알람을 맞춰 놨는데 일어나지 못했어요.
(알람 소리를 못 들었어요.)

Ich habe den Wecker nicht gehört.
이히 하브 덴 브엑커 니힡 그회엍

씻기

#잠을 깨려면 세수를 해야겠어.

Ich sollte mir das Gesicht waschen, um wach zu werden.
이히 졸트 미어 다쓰 그지힡 브아슌, 움 브아흐 쭈 브에어든

#오늘 아침에는 머리 감을 시간이 없네.

Heute habe ich keine Zeit meine Haare zu waschen.
호이트 하브 이히 카이느 짜잍 마이느 하흐 쭈 브아슌

#매일 아침 조깅하고 난 후에 샤워를 해요.

Ich dusche (mich) jeden Morgen nach dem Joggen.
이히 두슈 (미히) 예든 모어근 나흐 뎀 조어근

#저는 매일 아침 머리를 감는 것을 습관으로 하고 있어요.

Ich habe die Angewohnheit mir jeden Morgen die Haare zu waschen.
이히 하브 디 안그브온하잍 미어 예든 모어근 디 하흐 쭈 브아슌

Kapitel 2.

\# 손부터 씻어야지.   Wasch dir zuerst die Hände.
브아슈 디어 쭈에어슽 디 핸드

\# 밥 먹고 나서 이는 닦았니?   Hast du nach dem Essen die Zähne geputzt?
하슽 두 나흐 뎀 에쓴 디 쩨느 그풑쯭?

\# 오늘은 정말 씻기 귀찮다.   Heute habe ich keine Lust mich zu waschen.
호이트 하브 이히 카이느 루슽 미히 쭈 브아슌

식사

\# 밥 먹자!   Lass uns essen!
라쓰 운쓰 에쓴!

\# 난 아침은 안 먹어요.   Ich esse kein Frühstück.
이히 에쓰 카인 프흐위슈튁
Ich frühstücke nicht.
이히 프흐위슈튀크 니힡

\# 독일에서는 아침에 보통 뭘 먹니?   Was isst man in Deutschland zum Frühstück?
브아쓰 이슽 만 인 도이츄란ㅌ 쭘 프흐위슈튁?

#뭐 먹을까요?

Was möchten Sie essen?
브아쓰 뫼히튼 지 에쓴?

#피자 시켜 먹을까요?

Soll ich eine Pizza bestellen?
졸 이히 아이느 피짜 브슈텔른?

#지금은 식사하고 싶지 않아요.

Ich habe gerade keinen Appetit.
이히 하브 그흐아드 카이느 아페틸

#다 먹었니?

Bist du satt?
비슫 두 잗?

Bist du fertig?
비슫 두 프헤어티히?

#그렇게 음식을 가리면 안 돼.

Sei nicht so wählerisch beim Essen.
자이 니힡 조 브앨러흐이슈 바임 에쓴

#남기지 말고 다 먹어.

Iss bitte auf.
이쓰 비트 아우프흐

Kapitel 2.

옷 입기 & 화장하기

#오늘 뭐 입지?

Was soll ich heute anziehen?
브아쓰 졸 이히 호이트 안찌흔?

#저는 옷을 입고 나서 화장을 해요.

Ich schminke mich (erst), nachdem ich mich angezogen habe.
이히 슈밍크 미히 (에어슽), 나흐뎀 이히 미히 안그쪼근 하브

#화장하는 데 시간이 얼마나 걸리세요?

Wie lange brauchen Sie, um sich zu schminken?
브이 랑으 브흐아우흔 지, 움 지히 쭈 슈밍큰?

#오늘 어떤 색 넥타이를 맬까?

Welche Krawatte soll ich heute tragen?
브엘히으 크흐아브앝트 졸 이히 호이트 트흐아근?

Welche Farbe soll meine Krawatte heute haben?
브엘히으 프하브 졸 마이느 크흐아브앝트 호이트 하븐?

#그 파티의 드레스 코드는 빨간색이에요.

Der Dresscode für die Party ist rot.
데어 드흐에쓰코드 프휘어 디 파티 이슽 흐옽

#넌 아침에 거울 앞에서 보내는 시간이 너무 길어.

Du verbringst morgens zu viel Zeit vor dem Spiegel.
두 프헤어브흐잉슽 모어근쓰 쭈 프힐 짜잍 프호어 뎀 슈피글

#그녀는 화장하는 데 보통 1시간이 걸려요.

Sie braucht ungefähr eine Stunde, um sich zu schminken.
지 브흐아우흩 운그프해어 아이느 슈툰드, 움 지히 쭈 슈밍큰

TV 보기

#오늘 밤 TV에서 뭐 하지?

Was kommt heute Abend im Fernsehen?
브아쓰 콤트 호이트 아븐트 임 프헤언제흔?

Kapitel 2.

독일에서는 어떤 채널에 좋은 프로그램들이 많아?

Welcher Kanal in Deutschland hat gute Programme/Sendungen?
브엘히어 카날 인 도이츄란트 할 구트 프흐오그흐암므/젠둥은?

텔레비전 좀 켜 봐.

Mach mal den Fernseher an.
마흐 말 덴 프헤언제허 안

채널 좀 바꿀게.

Ich schalte mal um.
이히 슈알트 말 움

리모콘 좀 갖다 줘.

Kannst du mir die Fernbedienung geben?
칸슽 두 미어 디 프헤언브디눙 게븐?

TV 소리 좀 줄일게.

Ich mache den Fernseher leiser.
이히 마흐 덴 프헤언제허 라이저

채널 좀 그만 돌려.

Schalte nicht so viel durch die Programme.
슈알트 니힡 조 프힐 두어히 디 프흐오그흐암므

\# 벌써 3시간째야, TV 좀 꺼라.

Drei Stunden sind schon vorbei, mache/schalte jetzt den Fernseher aus.
드흐아이 슈툰든 진 슈온 프호어바이, 마흐/ 슈알트 옐쯭 덴 프헤언제허 아우쓰

잠자리

\# 보통 몇 시에 잠드니?

Wann gehst du meistens ins Bett?
브안 게슽 두 마이스튼쓰 인스 벹?

\# 난 이제 자러 갈게.

Ich gehe jetzt ins Bett.
이히 게흐 옐쯭 인쓰 벹

\# 잠잘 준비할까요?

Sollen wir uns langsam fürs Bett fertig machen?
졸른 브이어 운쓰 랑잠 프휘어쓰 벹 프헤어티히 마흔?

\# 애들 좀 재워 줄 수 있어?

Kannst du die Kinder ins Bett bringen?
칸슽 두 디 킨더 인쓰 벹 브흐잉은?

아직도 안 자니?
곧 자정이야!

Schläfst du immer noch nicht?
슐래프흐슽 두 임머 노흐 니힡?

Es ist gleich Mitternacht!
에쓰 이슽 글라이히 밑터나흩!

나갈 때 불 좀 꺼 주실래요?

Können Sie das Licht bitte ausmachen/ausschalten, wenn Sie rausgehen?
쾬는 지 다쓰 리힡 비트 아우쓰마흔/아우쓰슈알튼, 브엔 지 흐아우쓰게흔?

잘 자.

Gute Nacht.
구트 나흩

Träum schön. (좋은 꿈 꿔.)
트흐오임 슈왼

Schlaf schön.
슐라프흐 슈왼

잠버릇

저는 항상 늦게 자요.

Ich schlafe immer sehr spät ein.
이히 슐라프흐 임머 제어 슈퍁 아인

Ich gehe immer sehr spät ins Bett.
이히 게흐 임머 제어 슈퍁 인쓰 벹

Ich bin eine Nachteule.
이히 빈 아이느 나흩오일르

남편은 밤에 큰 소리로 코를 골아요.

Mein Mann schnarcht nachts sehr laut.
마인 만 슈나흩 나흩츠 제어 라웉

저는 잠이 안 와서 종종 뒤척여요.

Ich wälze mich oft schlaflos im Bett.
이히 브앨쯔 미히 오픝 슐라프흐로쓰 임 벹

마크는 잠꼬대하는 버릇이 있어요.

Mark hat die Angewohnheit im Schlaf zu reden.
마크 핱 디 안그브온하잍 임 슐라프흐 쭈 흐에든

\# 다비드는 잘 때 이를 갈아요.

David knirscht im Schlaf mit den Zähnen.
다브읻 크니어슏 임 슐라프흐 밑 덴 째는

David knirscht beim Schlafen mit den Zähnen.
다브읻 크니어슏 바임 슐라프흔 밑 덴 째는

숙면

\# 우리는 지난밤 푹 잤어요.

Wir haben gestern gut ausgeschlafen.
브이어 하븐 게스턴 굳 아우쓰그슐라프흔

\# 우리는 어제 곯아떨어졌어요.

Ich habe gestern wie ein Stein/wie ein Baby geschlafen.
이히 하브 게스턴 브이 아인 슈타인/브이 아인 베이비 그슐라프흔

\# 나는 잠자리가 바뀌면 잠을 잘 못 자요.

Ich kann in fremden Betten nicht so gut schlafen.
이히 칸 인 프흐엠든 벹튼 니힡 조 굳 슐라프흔

\# 잠을 잘 못 잤니?

Hast du schlecht geschlafen?
하슽 두 슐레힡 그슐라프흔?

Konntest du nicht so gut schlafen?
콘트슽 두 니힡 조 굳 슐라프흔?

\# 그는 불면증이 있어.

Er leidet an Schlaflosigkeit.
에어 라이듵 안 슐라프흐로지히카잍

\# 피로를 푸는 가장 좋은 방법은 숙면이에요.

Ein tiefer Schlaf ist der beste Weg sich richtig auszuruhen.
아인 티프허 슐라프흐 이슽 데어 베스트 브엨 지히 흐이히티히 아우쓰쭈흐우흔

꿈

\# 난 가끔 그의 꿈을 꾸지.

Manchmal träume ich von ihm.
만히말 트흐오이프 이히 프혼 임

#어제 이상한 꿈을 꿨어.	**Ich hatte gestern einen komischen/seltsamen Traum.** 이히 핱트 게스턴 아이는 코미슌/젤ㅌ자믄 트흐아움 **Ich habe gestern etwas Komisches geträumt.** 이히 하브 게스턴 엩브아쓰 코미슈쓰 그트흐오임ㅌ
#요즘 악몽에 시달려.	**Zurzeit träume ich schlecht.** 쭈어짜일 트흐오이므 이히 슐레힡 **Zurzeit habe ich Alpträume.** 쭈어짜일 하브 이히 알프트흐오이므
#그는 악몽을 꿔서 깼어.	**Er wurde von einem bösen Traum geweckt.** 에어 브우어드 프혼 아이늠 뵈즌 트흐아움 그브엨큳
#내 꿈에 너 나왔어.	**Ich habe von dir geträumt.** 이히 하브 프혼 디어 그트흐오임ㅌ
#나 독일어로 꿈을 꿨어.	**Ich habe auf Deutsch geträumt.** 이히 하브 아우프흐 도이츄 그트흐오임ㅌ
#지난 밤에 꿈을 꾼 것 같은데 기억이 안 나네.	**Ich weiß nicht mehr, was ich gestern geträumt habe.** 이히 브아이쓰 니힡 메어 브아쓰 이히 게스턴 그트흐오임ㅌ 하브

#해몽을 믿니?

Glaubst du an Traumdeutungen?
글라옾슫 두 안 트흐아움도이퉁은?

Schritt 2 집

화장실 사용

\# 화장실 찾기가 어렵네요.

Ich kann die Toilette nicht finden.
이히 칸 디 토일렡트 니힡 프힌든

\# 화장실이 어디에 있나요?

Wo ist die Toilette?
브오 이슽 디 토일렡트?

Wo ist das Klo?
브오 이슽 다쓰 클로?

Wo kann ich die Toilette finden?
브오 칸 이히 디 토일렡트 프힌든?

\# 화장실 좀 다녀올게.

Ich gehe noch schnell auf die/zur Toilette.
이히 게흐 노흐 슈넬 아우프흐 디/쭈어 토일렡트

Ich gehe kurz aufs Klo.
이히 게흐 쿠어쯔 아우프흐쓰 클로

\# 화장실에 있었어요.

Ich war auf der Toilette/auf dem Klo.
이히 브아 아우프흐 데어 토일렡트/아우프흐 뎀 클로

지금 화장실에 누가 있나요?

Ist hier besetzt?
이슽 히어 브젤쯭?

Ist hier frei?
이슽 히어 프흐아이?

Ist jemand auf der Toilette?
이슽 예만ㅌ 아우프흐 데어 토일렡트?

변기가 막혔어요.

Die Toilette ist verstopft.
디 토일렡트 이슽 프헤어슈톺흐ㅌ

수도꼭지가 안 잠기네요.

Der Wasserhahn tropft.
데어 브아써한 트ㅎ오픞

Der Wasserhahn ist undicht.
데어 브아써한 이슽 운디힡

화장실 에티켓

변기 물 내리는 거 잊지 마세요.

Bitte nach der Toilettenbenutzung das Spülen nicht vergessen.
비트 나흐 데어 토일렡튼브눝쭝 다쓰 슈퓔른 니힡 프헤어게쓴

Kapitel 2.

#변기에 아무것도 버리지 마세요.	**Bitte keine Abfälle in die Toilette werfen.** 비트 카이느 압프핼르 인 디 토일렡트 브에어프흔
#사용한 휴지는 휴지통에 넣어 주세요.	**Bitte werfen Sie das benutzte Toilettenpapier in den dafür vorgesehenen Behälter/Mülleimer.** 비트 브에어프흔 지 다쓰 브눝쯔트 토일렡튼파피어 인 덴 다프휘어 프호어그제흐는 브핼터/뮐아이머
#위생용품은 휴지통에 넣어주세요.	**Bitte keine Hygieneartikel in die Toilette werfen.** 비트 카이느 휘기에느아티클 인 디 토일렡트 브에어프흔
#화장지를 아껴 써 주세요.	**Bitte gehen Sie mit dem Toilettenpapier sparsam um.** 비트 게흔 지 밑 뎀 토일렡튼파피어 슈파잠 움
#바닥에 침을 뱉지 마세요.	**Bitte nicht auf den Boden spucken.** 비트 니힡 아우프흐 덴 보든 슈푹큰

나갈 때는 불을 꺼 주세요.

Schalten/Machen Sie das Licht aus, wenn Sie rausgehen.
슈알튼/마흔 지 다쓰 리휱 아우쓰, 브엔 지 흐아우쓰게흔

화장실에서 담배를 피우지 마세요.

Rauchen Sie nicht auf der Toilette.
흐아우흔 지 니휱 아우프흐 데어 토일렡트

욕실에서

난 매일 샤워를 해요.

Ich dusche jeden Tag.
이히 두슈 예든 탁

욕실 좀 써도 될까요?

Darf ich das Bad benutzen?
닾흐 이히 다쓰 밭 브눝쯘?

샤워 좀 해도 될까요?

Darf ich die Dusche benutzen?
닾흐 이히 디 두슈 브눝쯘?

Darf ich mich hier duschen?
닾흐 이히 미히 히어 두슌?

샤워하는 데 얼마나 걸리나요?

Wie lange brauchst du zum Duschen?
브이 랑으 브흐아우흐슽 두 쭘 두슌?

욕조 배수관이 고장 났어요.

Der Abfluss der Badewanne ist kaputt.
데어 압프흘루쓰 데어 바드브안느 이슽 카풑

우리 욕실 청소해야겠다.

Wir sollten mal das Bad putzen.
브이어 졸튼 말 다쓰 받 풑쯘

너희 집 욕실은 참 넓어.

Euer Badezimmer ist sehr groß.
오이어 바드찜머 이슽 제어 그흐오쓰

Das Badezimmer bei euch ist sehr groß.
다쓰 바드찜머 바이 오이히 이슽 제어 그흐오쓰

거실에서

저녁 식사 후에 우리 가족은 거실에서 TV를 봐요.

Nach dem Abendessen sieht/schaut meine Familie im Wohnzimmer fern.
나흐 뎀 아븐ㅌ에쓴 짚/슈아울 마이느 프하밀리으 임 브온찜머 프헤언

저녁이면 우리 가족은 거실에 모여 시간을 보내요.

Jeden Abend sitzt meine Familie noch im Wohnzimmer zusammen.
예든 아븐ㅌ 짙쯭 마이느 프하밀리으 노흐 임 브온찜머 쭈잠믄

우리 거실에는 소파가 하나 있어요.

Wir haben ein Sofa im Wohnzimmer.
브이어 하븐 아인 조프하 임 브온찜머

\# 우리 엄마는
거실이 넓은 집을
좋아해요.

Meine Mutter liebt Häuser mit einem großen Wohnzimmer.
마이느 뭍터 맆ㅌ 호이저 밑 아이늠 그흐오쓴 브온찜머

\# 그는 주말이면
거실에서
빈둥거려요.

Er vertrödelt das ganze Wochenende immer im Wohnzimmer.
에어 프헤어트흐외들ㅌ 다쓰 간쯔 브오흔엔드 임머 임 브온찜머

\# 우리 집 거실은
편안한 느낌으로
꾸며졌어요.

Unser Wohnzimmer ist gemütlich (eingerichtet).
운저 브온찜머 이슽 그뮈틀리히 (아인그흐이히틑)

부엌에서

\# 설거지 좀
도와줄래?

Kannst du mir beim Geschirrspülen helfen?
칸슽 두 미어 바임 그슈이어슈퓔른 헬프흔?

#주로 요리는
남자 친구가 하고
설거지는 제가
해요.

Meistens kocht mein Freund und ich spüle/wasche das Geschirr ab.
마이스튼쓰 코흐 마인 프흐오인ㅌ 운ㅌ 이히 슈퓔르/브아슈 다쓰 그슈이어 압

#식기 세척기가
있지만 잘 쓰지
않아요.

Wir haben eine Spülmaschine, aber benutzen sie kaum.
브이어 하븐 아이느 슈퓔마슈이느, 아버 브눝쯘 지 카움

#전자레인지를
써도 될까요?

Darf ich die Mikrowelle benutzen?
닾흐 이히 디 미크흐오브엘르 브눝쯘?

#독일에는 부엌과
식사 공간이
나뉘어 있어요.

In Deutschland sind Küche und Esszimmer meistens getrennt.
인 도이츄란ㅌ 진ㅌ 퀴히으 운ㅌ 에쓰 찜머 마이스튼쓰 그트흐엔ㅌ

Kapitel 2.

#우리 집은 부엌이 좁아서 식사는 주로 거실에서 해요.

Unsere Küche ist ein bisschen klein, deshalb essen wir meistens im Wohnzimmer.
운저흐 퀴히으 이슽 아인 비쓰히은 클라인, 데스할ㅍ 에쓴 브이어 마이스튼쓰 임 브온찜머

#이 부엌은 찬장과 냉장고까지 붙박이로 설치되어 있어요.

Diese Küche hat eine Einbauküche.
디즈 퀴히으 핱 아이느 아인바우퀴히으

식탁에서

#식탁 차리는 것 좀 도와주세요.

Hilf mir bitte beim Tischdecken.
힐프흐 미어 비트 바임 티슈브덱큰

#자, 자리에 앉아요.

Nehmen Sie Platz.
네믄 지 플랕쯔

Setzen Sie sich.
젤쯘 지 지히

부엌에서 풍기는 맛있는 냄새에 군침이 돌았어요.

Der Geruch aus der Küche lässt mir das Wasser im Mund zusammenlaufen.
데어 그흐우흐 아우쓰 데어 퀴히으 래쓸 미어 다쓰 브아써 임 문ㅌ 쭈잠믄라우프흔

엄청 배고파요.

Ich bin sehr hungrig.
이히 빈 제어 훙그흐이히

Ich habe sehr viel Hunger.
이히 하브 제어 프힐 훙어

Ich habe einen Bärenhunger/Riesenhunger.
이히 하브 아이는 배어흔훙어/흐이즌훙어

맛있게 먹겠습니다.

Guten Appetit.
구튼 아페틸

Lassen Sie es sich schmecken.
라쓴 지 에쓰 지히 슈멕큰

저 소금 좀 건네 주시겠어요?

Können Sie mir das Salz (rüber) reichen?
쾬는 지 미어 다쓰 잘쯔 (흐위버) 흐아이히은?

#정말 맛있어요.

Es ist sehr lecker.
에쓰 이슽 제어 렉커

Es schmeckt sehr gut.
에쓰 슈멕큳 제어 궅

#조금 더 줄까요?

Möchten Sie noch mehr?
뫼히튼 지 노흐 메어?

Darf ich Ihnen nochmal geben?
닾흐 이히 이는 노흐말 게븐?

#같이 건배해요.

Lass uns darauf (zusammen) anstoßen.
라쓰 운쓰 다흐아우프흐 (쭈잠믄) 안슈토쓴

#왜 이렇게 안 먹어, 입맛에 안 맞니?

Warum isst du nicht, schmeckt es dir nicht?
브아흐움 이쓷 두 니힡, 슈멕큳 에쓰 디어 니힡?

Schmeckt es dir etwa nicht?
슈멕큳 에쓰 디어 엩브아 니힡?

배가 불러요.
Ich bin satt.
이히 빈 잩
Ich bin voll.
이히 빈 프홀

잘 먹었어요.
Ich habe gut gegessen.
이히 하브 굳 그게쓴
Mir hat es gut geschmeckt.
미어 핱 에쓰 굳 그슈멕클
Ich hatte einen guten Appetit.
이히 핱트 아이는 구튼 아페팉

식사 예절

입에 음식을 넣은 채 말하지 마라.
Nicht mit dem vollen Mund reden.
니힡 밑 뎀 프홀른 문트 흐에든

음식을 남기지 말고 다 먹도록 해.
Lass dein Essen nicht stehen.
라쓰 다인 에쓴 니힡 슈테흔
Mach den Teller leer.
마흐 덴 텔러 레어

식사를 마치면 포크와 나이프를 접시 위에 가지런히 놓아라.

Wenn du mit dem Essen fertig bist, leg die Gabel und das Messer ordentlich auf den Teller.

브엔 두 밑 뎀 에쓴 프헤어티히 비슽, 렉 디 가블 운트 다쓰 메써 오어든틀리히 아우프흐 덴 텔러

다 먹은 후 접시는 직접 싱크대에 넣어라.

Wenn du mit dem Essen fertig bist, räum den Teller weg/in die Spülmaschine.

브엔 두 밑 뎀 에쓴 프헤어티히 비슽, 흐오임 덴 텔러 브엑/인 디 슈필마슈이느

식탁에 팔꿈치를 올리면 안 돼.

Beim Essen darf man die Ellenbogen nicht auf den Tisch stellen/legen.

바임 에쓴 닾흐 만 디 엘른보근 니힡 아우프흐 덴 티슈 슈텔른/레근

\# 식사 시간에는 돌아다니지 마라.

Lauf während des Essens nicht rum.
라우프흐 브애흔트 데스 에쓴쓰 니힡 흐움

Steh während des Essens nicht auf.
슈테 브애흔트 데스 에쓴쓰 니힡 아우프흐

\# 자리에서 먼저 일어나도 될까요?

Darf ich aufstehen?
닾흐 이히 아우프흐슈테흔?

요리 준비

\# 저녁 식사를 준비중이에요.

Ich bin dabei das Abendessen vorzubereiten.
이히 빈 다바이 다쓰 아벤트에쓴 프호어쭈브흐아이튼

\# 저녁 준비 곧 끝나요.

Ich bin gleich mit dem Abendessen fertig.
이히 빈 글라이히 밑 뎀 아븐트에쓴 프헤어티히

\# 10여 분 후면 저녁이 준비될 거야.

In zehn Minuten ist das Abendessen fertig.
인 첸 미누튼 이슫 다스 아븐트에쓴 프헤어티히

Kapitel 2.

10분 후면 식사 시작할 수 있어.

In zehn Minuten können wir essen.
인 첸 미누튼 쾬는 브이어 에쓴

오늘 점심은 뭐야?

Was essen wir zu Mittag?
브아쓰 에쓴 브이어 쭈 밑탁?

곧 점심 식사 준비할게, 그때까지 잠시 기다릴 수 있지?

Ich fange gleich mit dem Kochen an, kannst du noch kurz warten?
이히 프항으 글라이히 밑 뎀 코흔 안, 칸슽 두 노흐 쿠어쯔 브아튼?

배고프다는 불평 좀 그만해.

Beschwere dich nicht, dass du Hunger hast.
브슈브에어흐 디히 니힡, 다쓰 두 훙어 하슽

쉽고 빠르게 준비할 수 있는 요리는 뭔가요?

Welches Essen kann man leicht und schnell zubereiten?
브엘히으쓰 에쓴 칸 만 라이힡 운트 슈넬 쭈브흐아이튼?

요리하기

네가 좋아하는 걸 만들었어.

Ich habe dein Lieblingsessen gekocht.
이히 하브 다인 리블링쓰에쓴 그코흐트

Es gibt dein Lieblingsessen.
에쓰 깁트 다인 리블링쓰에쓴

저녁으로 불고기를 준비했어요.

Ich habe Bulgogi zum Abendessen gemacht.
이히 하브 불고기 쭘 아븐트에쓴 그마흐트

할머니께서 가르쳐주신 요리법이야.

Das ist das Rezept von meiner Großmutter.
다쓰 이슽 다쓰 흐에쩨픝 프혼 마이너 그흐오쓰뭍터

레시피 좀 공유해 줄 수 있니?

Kannst du mir das Rezept geben?
칸슽 두 미어 다쓰 흐에쩨픝 게븐?

독일의 '학스'는 한국의 '족발'과 비슷해요.
Die ‚Haxe' aus Deutschland ist dem ‚Jokbal' in Korea ähnlich.
디 '학쓰' 아우쓰 도이츄란ㅌ 이슫 뎀 '족발'인 코흐에아 애늘리히

오븐을 210도로 예열하세요.
Heizen Sie den Ofen auf 210 Grad vor.
하이쪈 지 덴 오프흔 아우프흐 쯔브아이훈덛첸 그흐앋 프호어

고기는 실온에서 해동시키세요.
Tauen Sie das Fleisch bei Raumtemperatur auf.
타우은 지 다쓰 프흘라이슈 바이 흐아움템퍼흐아투어 아우프흐

냉장고

냉장고에 먹을 것이 있어요.
Im Kühlschrank gibt es was zum Essen.
임 퀼슈흐앙ㅋ 깁ㅌ 에쓰 브아쓰 쭘 에쓴

냉장고가 꽉 차서 더 넣을 공간이 없어.
Im Kühlschrank ist kein Platz mehr.
임 퀼슈흐앙ㅋ 이슫 카인 플랕쯔 메어

\# 냉장고에 생선 냄새가 너무 나는걸.

Im Kühlschrank stinkt es nach Fisch.
임 퀼슈흐앙ㅋ 슈팅클 에쓰 나흐 프히슈

\# 우리 냉장고 정리 좀 해야겠어.

Wir sollten den Kühlschrank reinigen/putzen.
브이어 졸튼 덴 퀼슈흐앙ㅋ 흐아이니근/풑쫀

\# 얼음은 냉동고에 있어.

Das Eis ist im Gefrierschrank/Eisfach.
다쓰 아이쓰 이슽 임 그프흐이어슈흐앙ㅋ/아이쓰프하흐

\# 냉장고에 유통기한이 지난 음식들이 많아.

Im Kühlschrank stehen viele abgelaufene Lebensmittel.
임 퀼슈흐앙ㅋ 슈테흔 프힐르 압그라우프흐느 레븐쓰밑틀

\# 냉장고가 텅텅 비었어.

Der Kühlschrank ist leer.
데어 퀼슈흐앙ㅋ 이슽 레어

설거지

식탁 좀 치워 줄래요?
Können Sie den Tisch abräumen?
퀸넨 지 덴 티슈 압흐오이믄?

그릇을 식기 세척기에 넣어 줄래요?
Können Sie das Geschirr in die Spülmaschine räumen?
퀸넨 지 다쓰 그슈이어 인 디 슈퓔마슈이느 흐오이믄?

식기 세척기가 작동을 안 해요.
Die Spülmaschine funktioniert nicht.
디 슈퓔마슈이느 프훙ㅋ찌오니얼 니힡

Die Spülmaschine läuft nicht.
디 슈퓔마슈이느 로이플 니힡

제가 설거지를 할게요.
Ich wasche die Teller ab.
이히 브아슈 디 텔러 압

그가 제 대신 설거지를 할 거라고 했어요.
Er sagte, dass er für mich die Teller abwaschen wird.
에어 자크트, 다쓰 에어 프휘어 미히 디 텔러 압브아슌 브이얼

172

\# 요리는 내가 했고 설거지는 그가 해요.

Ich habe gekocht, und er spült/wäscht (die Teller) ab.
이히 하브 그코흐트, 운트 에어 슈퓔트/브애슈 (디 텔러) 압

\# 설거지를 하기 전에 접시 내용물은 휴지통에 비워 주세요.

Vor dem Abwasch sollte man die Essensreste von den Tellern entfernen.
프호어 뎀 압브아슈 졸트 만 디 에쓴쓰흐에스트 프혼 덴 텔런 엔트프헤어는

위생

\# 식사 전에 손을 비누로 깨끗이 씻어라.

Wasche dir vor dem Essen die Hände gründlich mit Seife.
브아슈 디어 프호어 뎀 에쓴 디 핸드 그흐윈틀리히 밑 자이프흐

\# 그녀는 집에 들어오면 항상 손부터 씻어요.

Sie wäscht sich immer ihre Hände, wenn sie nach Hause kommt.
지 브애슅 지히 임머 이어흐 핸드, 브엔 지 나흐 하우즈 콤트

\# 그들은 위생 관념이 없어요.

Sie haben keine Ahnung von Hygiene.
지 하븐 카이느 아눙 프혼 휘기에느

Sie wissen nicht, was Hygiene ist.
지 브이쓴 니힡, 브아쓰 휘기에느 이슽

\# 여성은 남성보다 위생 문제에 더 민감해요.

Frauen sind bei hygienischen Problemen empfindlicher als Männer.
프흐아우은 진ㅌ 바이 휘기에니슌 프흐오블래믄 엠프힌틀리히어 알쓰 맨너

#채소는 먹기 전에 꼼꼼히 씻어야 해요.

Das Gemüse muss man gründlich waschen, bevor man es isst.
다쓰 그뮈즈 무쓰 만 그흐윈틀리히 브아슌, 브프호어 만 에쓰 이슽

#그녀는 지나치게 청결에 집착해요.

Sie hat einen Reinlichkeitsfimmel.
지 핱 아이는 흐아인리히카일츠프힘믈

#청결이 병을 예방하는 최선책이에요.

Hygiene/Reinlichkeit ist der beste Weg Krankheiten vorzubeugen.
휘기에느/흐아인리히카일 이슽 데어 베스트 브엨 크흐앙ㅋ하이튼 프호어쭈보이근

Kapitel 2.

청소

#방이 더럽네, 좀 치워.

Das Zimmer ist ja ein Saustall, räum bitte auf.
다쓰 찜머 이슽 야 아인 자우슈탈, 흐오임 비트 아우프흐

Das Zimmer ist sehr unaufgeräumt/unordentlich, du solltest (dringend) aufräumen.
다쓰 찜머 이슽 제어 안아우프흐그흐오임트/운오어든틀리히, 두 졸트슽 (드흐잉은ㅌ) 아우프흐흐오이믄

#청소기를 돌려야겠어.

Ich sollte mal staubsaugen.
이히 졸트 말 슈타웊자우근

#집 청소하는 것 좀 도와줘.

Hilf mir bitte das Haus zu putzen.
힐프흐 미어 비트 다쓰 하우쓰 쭈 풑쯘

#선반의 먼지 좀 털어 줄래?

Kannst du die Regale abstauben?
칸슽 두 디 흐에갈르 압슈타우븐?

\# 나는 매달 한 번씩 집안 구석구석을 청소해요.

Ich putze das Haus jeden Monat gründlich (durch).
이히 풋쯔 다쓰 하우쓰 예든 모낱 그흐윈틀리히 (두어히)

\# 그는 휴지통을 비워요.

Er leert den Mülleimer aus.
에어 레얻 덴 뮐아이머 아우쓰

\# 자기 집 문 앞 눈은 직접 쓸어야 해요.

Man muss den Schnee vor seinem Haus selbst schippen/weg schaufeln.
만 무쓰 덴 슈네 프호어 자이늠 아우쓰 젤ㅍ슽 슈잎픈/브엑 슈아우프흘ㄴ

Kapitel 2.

분리수거

\# 독일에서는 분리수거를 해야 해요.

In Deutschland trennt man den Müll.
인 도이츄란ㅌ 트흐엔ㅌ 만 덴 뮐

\# 어젯밤 쓰레기 내다 놨어?

Hast du gestern Abend den Müll rausgebracht?
하슽 두 게스턴 아븐ㅌ 덴 뮐 흐아우쓰그브흐아흩?

177

오늘은 쓰레기 수거일이에요.

Heute ist die Müllabfuhr.
호이트 이슽 디 뮐압프후어

재활용 쓰레기는 분리해서 버려야 해요.

Recycelbarer Müll muss getrennt weggeworfen werden.
흐에싸이클바흐어 뮐 무쓰 그트흐엔트 브엑그브오어프흔 브에어든

재활용 쓰레기는 어디에 버려야 하나요?

Wo ist die Biotonne?
브오 이슽 디 비오톤느?

쓰레기에서 악취가 나요.

Der Gestank kommt vom Müll.
데어 그슈탕크 콤트 프홈 뮐

용기를 잘 비워야 쓰레기에서 냄새가 안 나요.

Die Gefäße müssen gründlich geleert werden, damit der Abfall nicht stinkt.
디 그프해쓰 뮈쓴 그흐윈틀리히 그레엍 브에어든, 다밑 데어 압프할 니힡 슈팅킅

\# 유리는 별도로 분리해요.

Das Altglas muss extra getrennt werden.
다쓰 알ㅌ글라쓰 무쓰 엑쓰ㅌㅎ오아 그ㅌㅎ엔ㅌ 브에어든

세탁

\# 오늘은 빨래를 해야 해.

Heute muss ich Wäsche waschen.
호이ㅌ 무쓰 이히 브애슈 브아슌

\# 빨래가 산더미야.

Es hat sich schon ein Wäscheberg gebildet/ angesammelt.
에쓰 핟 지히 슈온 아인 브애슈베억 그빌듵/ 안그잠믈ㅌ

\# 세탁기를 돌려야겠어.

Ich sollte die Waschmaschine anmachen.
이히 졸ㅌ 디 브아슈마슈이느 안마흔

세탁기가 더 이상 작동을 안 해요.

Die Waschmaschine funktioniert nicht.
디 브아슈마슈이느 프훙ㅋ찌오니엍 니힡

Die Waschmaschine ist kaputt.
디 브아슈마슈이느 이슫 카풑

다림질할 옷이 산더미에요.

Ich muss sehr viel Wäsche bügeln.
이히 무쓰 제어 프힐 브애슈 뷔글ㄴ

Ich muss einen Haufen Wäsche bügeln.
이히 무쓰 아이는 하우프흔 브애슈 뷔글ㄴ

빨래 좀 널어 주세요.

Hängen Sie bitte die Wäsche auf.
행근 지 비트 디 브애슈 아우프흐

빨래 좀 걷어 줄래요?

Können Sie die Wäsche abhängen?
쾬는 지 디 브애슈 압행은?

양복은 세탁소에 맡겼어요.

Den Anzug habe ich in die Wäscherei gegeben.
덴 안쭉 하브 이히 인 디 브애슈어흐아이 그게븐

집 꾸미기

저는 집 꾸미기를 좋아해요.

Ich dekoriere gerne das Haus.
이히 데코흐이어흐 게어느 다쓰 하우쓰

Ich liebe es das Haus zu dekorieren. (인테리어, 가구 배치에 한정)
이히 리브 에쓰 다쓰 하우쓰 쭈 데코흐이어흔

저는 실내 인테리어에 관심이 많아요.

Ich interessiere mich sehr für Inneneinrichtung/ Raumausstattung.
이히 인터흐씨어흐 미히 제어 프휘어 인느아인흐이히퉁/흐아움아우쓰슈탈퉁

새 집의 인테리어가 마음에 들지 않아요.

Mir gefällt die Innenarchitektur des neuen Hauses nicht.
미어 그프핼ㅌ 디 인느아히텍투어 데쓰 노이은 하우즈쓰 니힐

Kapitel 2.

\# 인테리어 전문가가 집 전체를 개조했어요.

Der Innenarchitekt hat das ganze Haus neu gestaltet.
데어 인느아히테클 핱 다쓰 간쯔 하우쓰 노이 그슈탈틑

\# 새 커튼은 벽 색깔과 어울리지 않아.

Der neue Vorhang passt nicht zur Wandfarbe.
데어 노이으 프호어항 파슽 니힡 쭈어 브안ㅌ프하브

\# 마이어 씨의 집 거실은 화려한 가구로 꾸며져 있어요.

Das Wohnzimmer von Herrn Meier ist mit prachtvollen Möbeln ausgestattet.
다쓰 브온찜머 프혼 헤언 마이어 이슽 밑 프흐아흩프홀른 뫼블ㄴ 아우쓰그슈탙틑

Schritt 3 초대 & 방문

MP3. K02_S03

초대하기

\# 내일 시간 있니?

Hast du morgen Zeit?
하슽 두 모어근 짜잍?

\# 내일 뭐 하니?

Was machst du morgen?
브아쓰 마흐슽 두 모어근?

\# 우리 집으로 저녁 먹으러 오지 않을래?

Wollen Sie nicht bei uns zu Abend essen?
브올른 지 니힡 바이 운쓰 쭈 아븐ㅌ 에쓴?

\# 이번 토요일에 무슨 계획 있니?

Was hast du diesen Samstag vor?
브아쓰 하슽 두 디즌 잠스탁 프호어?

Hast du diesen Samstag schon etwas geplant?
하슽 두 디즌 잠스탁 슈온 엩브아쓰 그플란ㅌ?

다음 주 일요일에 우리 집에서 파티하는 데 올래?
Wir haben nächsten Sonntag bei uns eine Party, hast du Zeit?
브이어 하븐 내흐스튼 존탁 바이 운쓰 아이느 파티, 하슽 두 짜잍?

몇 시에 어디서 만날까?
Um wie viel Uhr und wo treffen wir uns?
움 브이 프힐 우어 운트 브오 트흐에프흔 브이어 운쓰?

좋아, 당연히 가야지.
Schön, natürlich komme ich.
슈왼, 나튀얼리히 콤므 이히

도착하기 한 시간 전에 미리 연락 줘.
Melde dich eine Stunde bevor du da bist/ankommst.
멜드 디히 아이느 슈툰드 브프호어 두 다 비슽/안콤슽

제 결혼식에 초대할게요.
Ich lade Sie zu meiner Hochzeit ein.
이히 라드 지 쭈 마이너 호흐짜잍 아인

#오늘 저녁 식사는 제가 살게요.

Bedienen Sie sich, ich bezahle heute das Abendessen.
브디는 지 지히, 이히 브짤르 호이트 다쓰 아븐트에쓴

#다음 주 파티 초대장이에요.

Das ist eine Einladung zur Party nächste Woche.
다쓰 이슽 아이느 아인라둥 쭈어 파티 내흐스트 브오흐

#내일 저녁 우리 집 창고에서 영화 파티를 해요.

Ich mache/veranstalte morgen einen Filmabend in unserem Keller.
이히 마흐/프헤어안슈탈트 모어근 아이느 프힐ㅁ아븐트 인 운저흠 켈러

#내 졸업 파티에 파트너가 되어 줄래?

Begleitest du mich zu meiner Abschlussparty?
브글라이트슽 두 미히 쭈 마이너 압슐루쓰파티?

Kapitel 2.

내 파트너가 되어 준다면 정말 영광일 거야.

Es wäre mir eine Ehre, wenn du mich begleiten würdest.
에쓰 브애어흐 미어 아이느 에어흐, 브엔 두 미히 브글라이튼 브위어드슽

방문하기

몇 시에 방문하면 될까요?

Um wie viel Uhr soll ich vorbei kommen?
움 브이 프힐 우어 졸 이히 프호어바이 콤믄?

몇 시에 시간 되세요?

Wann haben Sie Zeit?
브안 하븐 지 짜잍?

늦지 말고 시간을 맞춰 와 주세요.

Verspäten Sie sich nicht.
프헤어슈패튼 지 지히 니힡

Kommen Sie nicht zu spät.
콤믄 지 니힡 쭈 슈펱

Seien Sie rechtzeitig da.
자이은 지 흐에힡짜이티히 다

초대해 주셔서 감사해요.

Danke für die Einladung.
당크 프휘어 디 아인라둥

Danke, dass Sie mich eingeladen haben.
당크, 다쓰 지 미히 아인그라든 하븐

디저트 좀 가져왔어요.

Ich habe etwas Süßes mitgebracht.
이히 하브 엩브아쓰 쥐쓰쓰 밑그브흐아흘

뭐 필요한 거 없니?

Brauchst du vielleicht noch etwas?
브흐아우흐슽 두 프힐라이힡 노흐 엩브아스?

Soll ich noch etwas mitbringen?
졸 이히 노흐 엩브아쓰 밑브흐잉은?

마실 것은 어떤 걸로 줄까?
(뭐 마실래?)

Was möchten Sie trinken?
브아쓰 뫼히튼 지 트흐잉큰?

Kann ich Ihnen etwas zum Trinken anbieten?
칸 이히 이는 엩브아쓰 쭘 트흐잉큰 안비튼?

Schritt 4 친구 만나기

약속 잡기

#이번 주말에 나랑 영화 보러 갈래?
Wollen wir dieses Wochenende ins Kino gehen?
브올른 브이어 디즈쓰 브오픈엔드 인쓰 키노 게흔?

#필립도 부를까?
Soll ich auch Phillip fragen, ob er mitkommt/ mitkommen will?
졸 이히 아우흐 필맆 프흐아근, 옵 에어 밑콤트/밑콤믄 브일?

#필립한테 내가 전화해 볼게.
Ich rufe mal Phillip an.
이히 흐우프흐 말 필맆 안

나는 토요일 오전에는 다 좋아.

Samstags früh ist bei mir super.
잠스탁쓰 프흐위 이슽 바이 미어 주퍼

Samstagmorgen ist bei mir gut.
잠스탁모어근 이슽 바이 미어 굳

나는 이번 주엔 안 되는데, 다음 주는 어떨까?

Ich habe diese Woche leider keine Zeit, wie wäre es mit nächster Woche?
이히 하브 디즈 브오흐 라이더 카이느 짜읻, 브이 브애어흐 에쓰 밑 내흐스터 브오흐?

나는 영화보다는 간단히 뭘 먹었으면 좋겠어.

Es wäre schöner, wenn wir (etwas) essen gehen als ins Kino.
에쓰 브애어흐 슈외너, 브엔 브이어 (엗브아쓰) 에쓴 게흔 알쓰 인쓰 키노

어디에서 만날까?

Wo treffen wir uns?
브오 트흐에프흔 브이어 운쓰?

Wo wollen wir uns treffen?
브오 브올른 브이어 운쓰 트흐에프흔?

Kapitel 2.

안부 묻기

#그 동안 뭐하고 지냈어?
Was hast du in letzter Zeit gemacht/so getrieben?
브아쓰 하슽 두 인 렡쯔터 짜잍 그마흩/조 그트흐이븐?

#하는 일은 어때?
Wie läuft es auf der Arbeit?
브이 로이픁 에쓰 아우프흐 데어 아바잍?
Wie läuft es im Job?
브이 로이픁 에쓰 임 죺?

#너 마리 소식 들었니?
Hast du schon das Neueste von Marie gehört?
하슽 두 슈온 다쓰 노이으스트 프혼 마흐이 그회엍?

#그녀가 독일 사람이랑 결혼했다며.
Ich habe gehört, dass sie einen Deutschen geheiratet hat.
이히 하브 그회엍, 다쓰 지 아이는 도이츈 그하이흐아튵 핱

\# 독일에 취직도 됐다는 소식은 들었는데 그 후로 연락이 안 되네.

Sie hat auch eine Stelle in Deutschland bekommen, aber danach hatte ich keinen Kontakt mehr mit ihr.

지 핱 아우흐 아이느 슈텔르 인 도이츄란트 브콤믄, 아버 다나흐 핱트 이히 카이는 콘타클 메어 밑 이어

\# 무슨 일 있어? 슬퍼 보여.

Ist was los? Du siehst traurig aus.

이슽 브아쓰 로쓰? 두 지슽 트흐아우흐이히 아우쓰

\# 다이어트 중이야? 살 빠진 것 같아.

Bist du auf Diät? Du hast abgenommen.

비슽 두 아우프흐 디앹? 두 하슽 압그놈믄

일상 대화

\# 너 리사랑 마크 헤어진 거 알고 있어?

Wusstest du, dass Lisa und Mark nicht mehr zusammen sind?

브우쓰트슽 두, 다쓰 리자 운트 마크 니힡 메어 쭈잠믄 진트?

191

누가 누구를 찼대?
Wer hat (denn) wen verlassen?
브에어 할 (덴) 브엔 프헤어라쓴?

그건 말이 안 돼.
Ist nicht wahr.
이슫 니힡 브아
Wirklich wahr?
브이어클리히 브아?

네 말도 일리가 있어.
Du hast recht.
두 하슫 흐에힡

일 때문에 스트레스가 너무 심해.
Die Arbeit stresst mich momentan sehr.
디 아바잍 슈트흐에쓷 미히 모멘탄 제어

그게 인생이지.
So ist das Leben.
조 이슫 다쓰 레븐

이번 주에 안드레아스 만나기로 했는데 올래?
Ich treffe mich diese Woche mit Andreas, kommst du auch (mit)?
이히 트흐에프흐 미히 디즈 브오흐 밑 안드흐에아쓰, 콤슫 두 아우흐 (밑)?

\# 난 안드레아스 별로야. 그 아이 너무 잘난 척해.

Nein danke, ich mag Andreas nicht so. Er ist so ein Angeber.
나인 당크, 이히 막 안드흐에아쓰 니힡 조. 에어 이슽 조 아인 안게버

헤어질 때

\# 너 오늘 집에 몇 시에 들어갈 거야?

Wann gehst du heute nach Hause?
브안 게슽 두 호이트 나흐 하우즈?

Wann wirst du heute nach Hause gehen?
브안 브이어슽 두 호이트 나흐 하우즈 게흔?

Um wie viel Uhr gehst du heute nach Hause?
움 브이 프힐 우어 게슽 두 호이트 나흐 하우즈?

\# 전철이 몇 시에 끊기지?

Wann fährt die letzte U-Bahn?
브안 프해얻 디 랱쯔트 우-반?

택시 타고 가려고. 같은 방향이면 같이 가도 돼.

Ich werde das Taxi nehmen. Wenn du in die gleiche Richtung fährst/musst, kannst du mitkommen.
이히 브에어드 다쓰 탁씨 네믄. 브엔 두 인 디 글라이히으 흐이히퉁 프해어슽/무쓸, 칸슽 두 밑콤믄

피곤하다. 난 이만 가 볼게.

Ich bin erschöpft. Ich gehe langsam.
이히 빈 에어슈외픝. 이히 게흐 랑잠

Ich bin erschöpft. Ich mache mich langsam auf die Socken.
이히 빈 에어슈외픝. 이히 마흐 미히 랑잠 아우프흐 디 족큰

조만간 또 볼 수 있길 바란다.

Ich hoffe, wir können uns bald wiedersehen.
이히 호프흐, 브이어 쾬는 운쓰 발ㅌ 브이더제흔

Ich hoffe, wir sehen uns bald wieder.
이히 호프흐, 브이어 제흔 운쓰 발ㅌ 브이더

Schritt 5 운전 & 교통

MP3. K02_S05

운전하기

\# 어제 운전면허를 땄어요.
> Ich habe gestern den Führerschein bekommen.
> 이히 하브 게스턴 덴 프휘흐어슈아인 브콤믄

\# 그는 운전을 아주 능숙하게 해요.
> Er ist ein sehr geschickter Autofahrer.
> 에어 이슽 아인 제어 그슈익크터 아우토프하허

\# 운전 법규를 지켜야 해요.
> Man muss sich an die Verkehrsregeln halten.
> 만 무쓰 지히 안 디 프헤어케어쓰흐에글ㄴ 할튼

\# 안전벨트 착용은 의무예요.
> Man muss sich anschnallen.
> 만 무쓰 지히 안슈날른

\# 너무 빠르잖아. 속도 좀 줄여.
> Du bist zu schnell. Fahre langsamer.
> 두 비슽 쭈 슈넬. 프하흐 랑자머

\# 내가 교대로 운전해 줄까?
> Soll ich das Steuer übernehmen?
> 졸 이히 다쓰 슈토이어 위버네믄?

독일은 우측통행이에요.

In Deutschland fährt man rechts/auf der rechten Seite.
인 도이츄란트 프해얼 만 흐에힡츠/아우프흐 데어 흐에히튼 자이트

좌회전해야 하니 좌측 차선으로 들어가.

Wir müssen gleich links abbiegen, wechsel auf die linke Spur.
브이어 뮈쓴 글라이히 링크쓰 압비근. 브에흐즐 아우프흐 디 링크 슈푸어

주차

주차장은 어디에 있나요?

Wo ist der Parkplatz?
브오 이슽 데어 팍플랕쯔?

Wo kann ich parken?
브오 칸 이히 파큰?

여기에 주차해도 되나요?

Darf man hier parken?
닾흐 만 히어 파큰?

건물 뒤에 주차장이 있어요.
Hinter diesem Gebäude ist der Parkplatz.
힌터 디즘 그보이드 이슽 데어 팍플랕쯔

시간 당 주차료는 얼마인가요?
Wie viel kostet das Parken pro Stunde?
브이 프힐 코스틑 다쓰 파큰 프흐오 슈툰드?

주차장이 만차예요.
Der Parkplatz ist voll.
데어 팍플랕쯔 이슽 프홀

더 이상 자리가 없어요.
Es gibt keinen Parkplatz mehr.
에쓰 깁트 카이는 팍플랕쯔 메어

저희가 주차해 드리겠습니다. 열쇠 주시겠어요?
Wir parken das Auto. Geben Sie uns die Schlüssel?
브이어 파큰 다쓰 아우토. 게븐 지 운쓰 디 슐뤼쓸?

내가 차 빼 올게. 기다려.
Warte kurz, ich hole das Auto.
브아트 쿠어쯔, 이히 홀르 다쓰 아우토

주차 금지!
Parken verboten!
파큰 프헤어보튼!
Parkverbot!
팍프헤어봍!

교통 체증

 # 길이 꽉 막혔어요.

Ich stehe im Stau.
이히 슈테흐 임 슈타우

Ich stecke im Stau fest.
이히 슈텍크 임 슈타우 프헤슽

Ich bin in einen Stau geraten.
이히 빈 인 아이는 슈타우 그흐아튼

 # 오늘은 교통 체증이 아주 심한데요.

Heute ist der Stau besonders schlimm.
호이트 이슽 데어 슈타우 브존더쓰 슐림

 # 왜 밀리는 거죠?

Warum ist hier Stau?
브아흐움 이슽 히어 슈타우?

 # 출퇴근 시간에는 항상 막혀요.

Zu Hauptverkehrszeiten gibt es/herrscht immer Stau.
쭈 하우플프헤어케어쓰짜이튼 깁트 에쓰/헤어슡 임머 슈타우

사고가 나서 길이 막혔어요.
Es gibt Stau, weil es einen Unfall gab.
에쓰 깁트 슈타우, 브아일 에쓰 아이는 운프할 갚

교통 체증을 피하려면 어떻게 해야 할까요?
Wie kann man den Stau umfahren?
브이 칸 만 덴 슈타우 움프하흔?

교통 규정 위반

그들은 빨간 신호등을 그냥 지나갔어요.
Sie fuhren über die rote Ampel.
지 프후어흔 위버 디 흐오트 암플

그는 과속 운전을 했어요.
Er ist gerast.
에어 이슽 그흐아슽

도심에서 속력은 시속 60km 이내로 제한돼요.
In der Stadt herrscht 60er-Zone.
인 데어 슈탙 헤어슡 제히찌거-쪼느

운전 중 전화를 하다가 벌금을 부과받았어요.

Er musste ein Bußgeldzahlen, weil er beim Fahren telefoniert hat.
에어 무쓰트 아인 부쓰겔ㅌ짜른, 브아일 에어 바임 프하흔 텔레프호니얼 핱

뺑소니 범죄가 점점 늘어나네요.

Es gibt immer häufiger Fahrerflucht.
에쓰 깁ㅌ 임머 호이프히거 프하흐어프흘루흩

그는 화요일 밤 11시에 검문을 당했어요.

Er kam am Dienstag um 11 Uhr in eine Straßenkontrolle.
에어 캄 암 딘스탁 움 엘프흐 우어 인 아이느 슈트ㅎ아쓴콘트ㅎ올르

무단 횡단을 해서는 안 돼요.

Man darf nicht unachtsam die Straße überqueren.
만 닾흐 니힡 운아흩잠 디 슈트ㅎ아쓰 위버크브에어흔

주차 위반으로 딱지를 받았어요.

Ich habe einen Strafzettel für Falschparken bekommen.
이히 하브 아이느 슈트ㅎ아프ㅎ쩰틀 프휘어 프할슈파큰 브콤믄

Schritt 6 집 구하기

MP3. K02_S06

집 알아보기

\# 새 집을 구하고 있어요.
Ich suche eine neue Wohnung.
이히 주흐 아이느 노이으 브오눙

\# 추천해 주실 집이 있나요?
Gibt es eine Wohung, die Sie mir empfehlen können?
깁트 에쓰 아이느 브오눙, 디 지 미어 엠프헬른 쾬는?

\# 어느 정도 크기의 집을 찾고 있으세요?
Wie groß sollte die Wohnung sein?
브이 그흐오쓰 졸트 디 브오눙 자인?

\# 방 두 개짜리 집을 원해요.
Ich möchte eine Wohnung mit zwei Zimmern.
이히 뫼히트 아이느 브오눙 밑 쯔브아이 찜먼

\# 그 집은 지하철역에서 가까운가요?
Ist das Haus in der Nähe eines Bahnhofs?
이슽 다쓰 하우쓰 인 데어 내흐 아이느쓰 반홒흐쓰?

요구에 맞는
좋은 곳이 있어요.

Es gibt eine Wohnung, die Ihren Ansprüchen genügen wird.
에쓰 깁ㅌ 아이느 브오눙, 디 이어흔 안슈프흐위히은 그뉘근 브이엍

이 집은 방이 몇 개인가요?

Wie viele Zimmer hat dieses Haus?
브이 프힐르 찜머 핱 디즈쓰 하우쓰?

붙박이 설비가 된 방 두 개와 욕실이 있어요.

Das Haus hat zwei möblierte Zimmer und ein Bad.
다쓰 하우쓰 핱 쯔브아이 뫼빌리어트 찜머 운ㅌ 아인 밭

집 조건 보기

월세는 얼마인가요?

Wie viel kostet die Miete?
브이 프힐 코스틀 디 미트?

Wie hoch ist die Miete?
브이 호흐 이슽 디 미트?

교통은 어떤가요?

Wie ist der Verkehr?
브이 이슽 데어 프헤어케어?

근처 교통 수단에는 무엇이 있나요?

Wie ist die Verkehrsanbindung?
브이 이슽 디 프헤어케어쓰안빈둥?

Was für Verkehrsmittel gibt es hier?
브아쓰 프휘어 프헤어케어쓰밑틀 깁ㅌ 에쓰 히어?

지하철역에서 걸어서 10분 거리예요.

Bis zum Bahnhof sind es zehn Gehminuten.
비쓰 쭘 반홒흐 진ㅌ 에쓰 첸 게미누튼

몇 층인가요?

In welcher Etage liegt die Wohnung?
인 브엘히어 에타쥬 리클 디 브오눙?

\# 저희 동네는 집세가 아주 비싸요.

In unserer Stadt ist die Miete hoch.
인 운저허 슈탙 이슽 디 미트 호흐

\# 계약 기간은 얼마인가요?

Wie lange ist die Vertragsdauer/ Vertragslaufzeit?
브이 랑으 이슽 디 프헤어트흐악쓰다우어/ 프헤어트흐악쓰라우프흐짜잍?

\# 보증금을 요구하시나요?

Gibt es eine Kaution?
깁트 에쓰 아이느 카우찌온?

집 계약하기

\# 이 집으로 하겠어요.

Ich habe mich für diese Wohnung entschieden.
이히 하브 미히 프휘어 디즈 브오눙 엔트슈이든

Ich nehme diese Wohnung.
이히 네므 디즈 브오눙

계약서에 서명해 주시겠어요?

Können Sie diesen Vertrag unterschreiben?
쾬는 지 디즌 프헤어트흐악 운터슈흐아이븐?

언제 이사 올 수 있을까요?

Wann kann ich einziehen?
브안 칸 이히 아인찌흔?

당장 이사 들어가도 될까요?

Kann ich sofort einziehen?
칸 이히 조프호얼 아인찌흔?

임대료는 한 달에 200유로입니다. 공과금 포함이에요.

Die Miete kostet 200 Euro im Monat. Die Steuer ist inklusive.
디 미트 코스틑 쯔브아이훈덛 오이호오 임 모낱. 디 슈토이어 이슽 인클루지브

월세는 매월 1일에 내시면 돼요.

Die (monatliche) Miete wird immer am ersten Tag des Monats bezahlt.
디 (모나틀리히으) 미트 브이엍 임머 암 에어스튼 탁 데쓰 모낱츠 브짤ㅌ

Kapitel 2.

이사 계획

#이사할 때가 된 것 같아요.
Es wird langsam Zeit umzuziehen.
에쓰 브이얼 랑잠 짜읱 움쭈찌흔

#우리는 한 달 안으로 이사할 계획이에요.
Wir planen innerhalb eines Monats umzuziehen.
브이어 플라는 인너할ㅍ 아이느쓰 모낱츠 움쭈찌흔

#곧 이사 가신다면서요?
Ziehen Sie bald um?
찌흔 지 발ㅌ 움?
Sie ziehen bald um?
지 찌흔 발ㅌ 움?

#언제 새 집으로 이사 가세요?
Wann ziehen Sie in das neue Haus ein?
브안 찌흔 지 인 다쓰 노이으 하우쓰 아인?

#이사 준비 때문에 바빠요.
Ich bin wegen des Umzugs sehr beschäftigt.
이히 빈 브에근 데쓰 움쭉쓰 제어 브슈애프흐티큳

\# 이사 가려면
한 달 전에 미리
알려 주세요.

Sagen Sie mir bitte einen Monat bevor Sie umziehen Bescheid.
자근 지 미어 비트 아이는 모낱 브프호어 지 움찌흔 브슈아읻

짐 싸기

\# 이삿짐은
모두 쌌어?

Hast du alles (fertig) gepackt?
하슽 두 알르쓰 (프헤어티히) 그팍킅?

\# 이사 가기 위해
짐을 싸야 해요.

Ich muss noch packen.
이히 무쓰 노흐 팍큰

\# 이삿짐 센터에
맡겼어요.

Ich habe das Packen dem Möbelspediteur/der Umzugsfirma überlassen.
이히 하브 다쓰 팍큰 뎀 뫼블슈페디퇴어/데어 움쭉쓰프히어마 위버라쓴

깨지기 쉬운 물건은 잘 포장했니?
Hast du die zerbrechlichen Sachen gut verpackt?
하슽 두 디 쩨어브흐에힐리히은 자흔 굳 프헤어팍틀?

나 혼자 이삿짐을 다 쌌어.
Ich habe alles alleine gepackt.
이히 하브 알르쓰 알라이느 그팍틀

이사 가기 전에 물건들을 벼룩시장에서 좀 팔아야겠어요.
Ich sollte ein paar Sachen vor dem Umzug auf dem Flohmarkt verkaufen.
이히 졸트 아인 파 자흔 프호어 뎀 움쭉 아우프흐 뎀 프흘로마클 프헤어카우프흔

이사 가는 건 쉬운 일이 아니에요.
Umziehen ist anstrengend.
움찌흔 이슽 안슈트흐엥은ㅌ

이사할 때 도움이 필요하면 말해.
Wenn du Hilfe brauchst, sag mir Bescheid.
브엔 두 힐프흐 브흐아우흐슽, 작 미어 브슈아잍

이사 비용

이사 비용 때문에 걱정이에요.
> Ich hoffe, der Umzug wird nicht zu teuer.
> 이히 호프흐, 데어 움쭉 브이얼 니힡 쭈 토이어

다른 도시로 이사하는 데 얼마나 드나요?
> Wie viel kostet es in eine andere Stadt zu ziehen?
> 브이 프힐 코스틑 에쓰 인 아이느 안더흐 슈탙 쭈 찌흔?

회사에서 이사 비용을 지원해 준대.
> Die Firma unterstützt die Kosten des Umzugs.
> 디 프히어마 운터슈퇱쭡 디 코스튼 데쓰 움쭉쓰

이삿짐 업체는 비용이 어느 정도 하나요?
> Wie hoch sind die Kosten beim Möbelspediteur?
> 브이 호흐 진ㅌ 디 코스튼 바임 뫼블슈페디퇴어?

옮기는 짐의 양에 따라 가격이 달라져요.
> Die Kosten hängen von der Menge der Umzugskartons ab.
> 디 코스튼 행은 프혼 데어 멩으 데어 움쭉쓰카통쓰 압

Kapitel 2.

#내 친구들이 도와줘서 저렴하게 이사했어.

Mein Umzug war nicht teuer, weil mir meine Freunde geholfen haben.
마인 움쭉 브아 니힡 토이어, 브아일 미어 마이느 프흐오인드 그홀프흔 하븐

#그는 저렴한 예산에 꼭 맞는 가격을 제안했어요.

Er hat einen (passenden) Preis entsprechend meines geringen/kleinen Budgets vorgeschlagen.
에어 핱 아이는 (파쓴든) 프흐아이쓰 엔트슈프흐에히은트 마이느쓰 그흐잉은/클라이는 뷔젵츠 프호어그슐라근

Schritt 7 날씨

MP3. K02_S07

날씨 묻기

 # 오늘 날씨 어때요?
Wie ist das Wetter heute?
브이 이슽 다쓰 브엩터 호이트?

 # 그곳 날씨는 어떤가요?
Wie ist das Wetter dort?
브이 이슽 다쓰 브엩터 도엍?

 # 바깥 온도가 더 덥나요?
Ist es draußen wärmer?
이슽 에쓰 드흐아우쓴 브애어머?
Ist die Temperatur draußen höher?
이슽 디 템퍼흐아투어 드흐아우쓴 회허?
Ist die Temperatur draußen wärmer?
이슽 디 템퍼흐아투어 드흐아우쓴 브애어머?

 # 오늘 기온이 몇 도예요?
Wie viel Grad hat es heute?
브이 프힐 그흐앝 핱 에쓰 호이트?

 # 어떤 날씨를 좋아해요?
Welches Wetter mögen Sie?
브엘히으쓰 브엩터 뫼근 지?

이런 날씨는 싫어하나요?

Mögen Sie solches Wetter nicht?
뫼근 지 졸히으쓰 브엩터 니힡?

Hassen Sie diese Art von Wetter?
하쓴 지 디즈 앝 프혼 브엘터?

언제까지 이런 날씨가 계속될까요?

Wie lange wird das Wetter noch so bleiben?
브이 랑으 브이엌 다스 브에터 노흐 조 블라이븐?

어제보다 날씨가 좋아졌죠?

Das Wetter ist heute besser als gestern, nicht/oder?
다쓰 브엩터 이슽 호이트 베써 알쓰 게스턴, 니힡/오더?

일기예보

오늘 일기예보 어때요?

Wie ist die Wettervorhersage?
브이 이슽 디 브엩터프호어헤어자그?

Wie wird das Wetter vorhergesagt?
브이 브이엍 다쓰 브엩터 프호어헤어그자킅?

\# 주말 일기예보 확인했어요?

Haben Sie die Wettervorhersage für dieses Wochenende gesehen?
하븐 지 디 브엩터프호어헤어자그 프휘어 디즈쓰 브오흔엔드 그제흔?

\# 놀러 가기 전에 일기예보 확인해 봐.

Schau wie das Wetter wird, bevor du in den Urlaub fährst.
슈아우 브이 다쓰 브엩터 브이얼, 브프호어 두 인 덴 우얼라웊 프해어슽

Guck dir die Wettervorhersage/den Wetterbericht an, bevor du in den Urlaub fährst.
쿡 디어 디 브엩터프호어헤어자그/덴 브엩터브흐이힡 안, 브프호어 두 인 덴 우얼라웊 프해어슽

\# 날씨가 일기예보 그대로네요.

Die Wettervorhersage hatte Recht.
디 브엩터프호어헤어자그 핱트 흐에힡

Das Wetter ist genau wie es der Wetterbericht vorhergesagt hat.
다쓰 브엩터 이슽 그나우 브이 에쓰 데어 브엩터브흐이힡 프호어헤어그자클 핱

Kapitel 2.

\# 일기예보가 틀렸어요.

Die Wettervorhersage war falsch.
디 브엩터프호어헤어자그 브아 프할슈

\# 일기예보는 믿을 수가 없어요.

Auf die Wettervorhersage kann man sich nicht verlassen.
아우프흐 디 브엩터프호어헤어자그 칸 만 지히 니힡 프헤어라쓴

맑은 날

\# 오늘 날씨가 참 좋죠.

Das Wetter ist heute sehr schön.
다스 브엩터 이슽 호이트 제어 슈왼

Heute ist richtig schönes Wetter.
호이트 이슽 흐이히티히 슈외느쓰 브엩터

\# 햇빛이 아주 좋아요.

Die Sonne scheint so schön.
디 존느 슈아인트 조 슈왼

\# 최근에는 날씨가
계속 좋은데요.

In letzter Zeit hatten wir immer gutes Wetter.
인 렡쯔터 짜잍 핱튼 브이어 임머 구트쓰 브엩터

\# 이런 날씨가
계속되면 좋겠어요.

Es wäre schön, wenn das Wetter immer so gut/schön wäre.
에쓰 브애어흐 슈왼, 브엔 다쓰 브엩터 임머 조 귙/슈왼 브애어흐

\# 내일은 맑아야
할 텐데.

Ich hoffe, dass es morgen schönes Wetter gibt.
이히 호프흐, 다쓰 에쓰 모어근 슈외느쓰 브엩터 깁ㅌ

\# 오늘 오후에는
갤 것 같아요.

Bis heute Nachmittag wird sich der Himmel noch aufklaren.
비쓰 호이트 나흐밑탘 브이얻 지히 데어 힘믈 노흐 아우프흐클라흔

\# 구름 한 점
없어요.

Heute gibt es einen wolkenlosen Himmel.
호이트 깁ㅌ 에쓰 아이는 브올큰로즌 힘믈

\# 외출하기 좋은 날씨예요.

Das Wetter ist perfekt, um rauszugehen.
다쓰 브엘터 이슽 페어프헤클, 움 흐아우쓰쭈게흔

흐린 날

\# 날씨가 궂어요.

Das ist aber ein schlechtes Wetter.
다쓰 이슽 아버 아인 슐레히트쓰 브엘터

Das ist aber ein Sauwetter.
다쓰 이슽 아버 아인 자우브엘터

\# 오늘 날이 흐려지고 있어요.

Es ist trüb heute.
에쓰 이슽 트흐윞 호이트

Der Himmel ist heute bedeckt.
데어 힘믈 이슽 호이트 브덱클

#하늘이 어두워졌어요.

Es wird düster.
에쓰 브이얼 뒤스터

Der Himmel zieht zu.
데어 힘믈 찔 쭈

Dunkle Wolken ziehen auf.
둥클르 브올큰 찌흔 아우프흐

#금방이라도 비가 내릴 것 같아요.

Es sieht so aus, als ob es gleich regnen wird.
에쓰 짙 조 아우쓰, 알쓰 옾 에쓰 글라이히 흐엑는 브이얼

Es sieht nach Regen aus.
에쓰 짙 나흐 흐에근 아우쓰

#변덕스러운 날씨네요.

Das Wetter ist wechselhaft.
다쓰 브엩터 이슽 브에흐즐하픁

#아, 너무 불쾌한 날씨야!

Ach, ist das ein schlechtes Wetter!
아흐, 이슽 다쓰 아인 슐레히트쓰 브엩터!

Mensch, was für ein Sauwetter!
멘슈, 브아쓰 프휘어 아인 자우브엩터!

구름이 많이 꼈어요.
Es ist bewölkt.
에쓰 이슽 브브욀킅

비 오는 날

비가 와요.
Es regnet.
에쓰 흐에그늩

비가 뚝뚝 떨어지기 시작했어요.
Es fängt an zu regnen.
에쓰 프행트 안 쭈 흐에그는
Es fängt an zu tröpfeln.
에쓰 프행트 안 쭈 트흐외프흘ㄴ

비가 억수같이 퍼붓는데요.
Es regnet heftig.
에쓰 흐에그늩 헤프흐티히
Es gießt wie aus Eimern.
에쓰 기씉 브이 아우쓰 아이먼

이제 비가 그쳤나요?
Hat es aufgehört zu regnen?
핱 에쓰 아우프흐그회엍 쭈 흐에그는?
Hat der Regen aufgehört?
핱 데어 흐에근 아우프흐그회엍?

비가 오락가락해요.
Regen und Sonne wechseln sich ab.
흐에근 운 존느 브에흐즐ㄴ 지히 압

\# 우박이 떨어졌어요.

Es hagelt.
에쓰 하글트

\# 비가 올 것 같아. 우산 가지고 가라!

Es sieht nach Regen aus. Nimm den Regenschirm mit!
에쓰 짙 나흐 흐에근 아우쓰. 님 덴 흐에근슈이엄 밑!

\# 내일 소나기가 예상돼요.

Morgen werden Regenschauer erwartet.
모어근 브에어든 흐에근슈아우어 에어브아틑

천둥

\# 천둥이 치고 있어요.

Es donnert.
에쓰 돈넡

Der Donner grollt.
데어 돈너 그흐올트

\# 천둥이 심하네!

Es donnert heftig!
에쓰 돈넡 헤프흐티히!

Es donnert sehr laut.
에쓰 돈넡 제어 라웉

밤새 천둥소리 때문에 잠을 못 잤어.
Ich konnte wegen des Donners/Donnergrollens nicht schlafen.
이히 콘트 브에근 데쓰 돈너쓰/돈너그흐올른쓰 니힡 슐라프흔

내일 천둥을 동반한 비가 예상됩니다.
Morgen rechnen wir mit Regen und Donner.
모어근 흐에히는 브이어 밑 흐에근 운 돈너

천둥소리가 너무 커서 놀랐어요.
Ich habe mich wegen des lauten Donners erschrocken.
이히 하브 미히 브에근 데쓰 라우튼 돈너쓰 에어슈흐옥큰

번개

번개가 쳐요.
Es blitzt.
에쓰 블릳쯭

번개가 번쩍하더니 천둥소리가 울렸어.

Es blitzt und donnert gleichzeitig.
에쓰 블맅쯭 운ㅌ 돈넡 글라이히짜이티히

Blitz und Donner folgen rasch aufeinander.
블맅쯔 운ㅌ 돈너 프홀근 흐아슈 아우프흐아인안더

조금 전에 번개가 저 나무 위로 떨어졌어요.

Der Blitz hat gerade in den Baum eingeschlagen.
데어 블맅쯔 핱 그흐아드 인 덴 바움 아인그슐라근

저 나무는 번개를 맞았어요.

Der Baum ist vom Blitz getroffen worden.
데어 바움 이슽 프홈 블맅쯔 그트흐오프흔 브오어든

In diesen Baum hat der Blitz eingeschlagen.
인 디즌 바움 핱 데어 블맅쯔 아인그슐라근

조심해! 번개를 맞으면 죽을 수도 있어.

Vorsicht! Wenn du von einem Blitz getroffen wirst, kannst du sterben.
프호어지힡! 브엔 두 프혼 아이늠 블맅쯔 그트흐오프흔 브이어슽, 칸슽 두 슈테어븐

Kapitel 2.

221

봄 날씨

#날씨가 따뜻해요.

Es ist warm.
에쓰 이슽 브암

#겨울이 가고 봄이 왔어요.

Der Winter geht und der Frühling kommt.
데어 브인터 겥 운ㅌ 데어 프흐윌링 콤ㅌ

Der Winter weicht dem Frühling.
데어 브인터 브아이힡 뎀 프흐윌링

#봄이 문턱에 다다랐어요.

Der Frühling steht vor der Tür.
데어 프흐윌링 슈텥 프호어 데어 튀어

Der Frühling naht.
데어 프흐윌링 낱

Der Frühling ist bald da.
데어 프흐윌링 이슽 발ㅌ 다

#봄 기운이 완연하네요.

Es ist frühlingshaft geworden.
에쓰 이슽 프흐윌링쓰하픝 그브오어든

Man sieht, dass es Frühling wird/der Frühling kommt.
만 짙, 다쓰 에쓰 프흐윌링 브이얻/데어 프흐윌링 콤ㅌ

#저는 봄이 가장 좋아요.

Ich liebe den Frühling am meisten.
이히 리브 덴 프흐윌링 암 마이스튼

#봄이 되니 꽃이 피네요.

Wenn der Frühling kommt, blühen die Blumen.
브엔 데어 프흐윌링 콤ㅌ, 블뤼흔 디 블루믄

#개나리는 봄의 상징이에요.

Das Goldglöckchen ist ein Symbol des Frühlings/für den Frühling.
다쓰 골ㅌ글뢱히은 이슽 아인 쥠볼 데쓰 프흐윌링쓰/프휘어 덴 프흐윌링

여름 날씨

\# 날씨가 정말 덥네요.

Es ist wirklich heiβ.
에쓰 이슽 브이어클리히 하이쓰

Was für ein heiβer Tag.
브아쓰 프휘어 아인 하이써 탁

\# 푹푹 찌네요!

Das ist vielleicht eine (unerträgliche) Hitze/ Bullenhitze!
다쓰 이슽 프힐라이힡 아이느 (운에어트흐애클리히으) 힡쯔/불른힡쯔!

\# 너무 더워서 땀이 멈추질 않아요.

Die Hitze bringt mich zum Schwitzen.
디 힡쯔 브흐잉트 미히 쭘 슈브읻쯘

\# 진짜 더위는 이제부터예요.

Die richtige Hitze kommt erst noch.
디 흐이히티그 힡쯔 콤트 에어스트 노흐

\# 5월치고는 유난히 덥네요.

Dieser Mai ist auβergewöhnlich heiβ.
디저 마이 이슽 아우써그브왼리히 하이쓰

224

\# 오늘이 이번 여름 중 가장 더운 날이래요.

Heute soll der heiβeste Tag dieses Sommers sein.
호이트 졸 데어 하이쓰스트 탁 디즈쓰 좀머쓰 자인

\# 낮이 길어졌어요.

Die Tage sind länger geworden.
디 타그 진ㅌ 랭어 그브오어든

\# 한국처럼 습하지는 않아서 좋네요.

Es ist schön, dass es nicht so schwül wie in Korea ist.
에쓰 이슽 슈왼, 다쓰 에쓰 니힡 조 슈브윌 브이 인 코흐에아 이슽

장마

\# 한국은 벌써 장마철이에요.

Es ist bereits Regenzeit in Korea.
에쓰 이슽 브흐아일츠 흐에근짜일 인 코흐에아

\# 이제 본격적인 장마철이에요.

Jetzt hat die Regenzeit richtig angefangen.
옡쯭 핱 디 흐에근짜일 흐이히티히 안그프항은

\# 온 집안이 눅눅해요.

Im ganzen Haus ist es schwül.
임 간쯘 하우쓰 이슽 에쓰 슈브윌

장마철에는 우산이 필수품이에요.

In der Regenzeit sollte man immer einen Regenschirm mitnehmen.
인 데어 흐에근짜잍 졸트 만 임머 아이는 흐에근슈이엄 밑네믄

장마가 끝났어요.

Die Regenzeit ist vorbei.
디 흐에근짜잍 이슽 프호어바이

장마철에는 날씨가 오락가락해요.

In der Regenzeit ist das Wetter wechselhaft.
인 데어 흐에근짜잍 이슽 다쓰 브엩터 브에흐즐하픁

태풍

태풍이 다가오고 있어요.

Ein Wirbelsturm kommt.
아인 브이어블슈투엄 콤트

Ein Orkan nähert sich uns.
아인 오흐칸 내엍 지히 운쓰

\# 어제 태풍
주의보가
발령되었어요.

Gestern wurde eine Sturmwarnung herausgegeben.
게스턴 브우어드 아이느 슈투엄브아눙 헤어흐아우쓰그게븐

\# 폭풍이
오고 있어요.

Ein Sturm zieht auf.
아인 슈투엄 찔 아우프흐

\# 바람이
엄청 세요.

Es windet sehr (stark).
에쓰 브인듵 제어 (슈탁)

Der Wind bläst/pfeift.
데어 브인ㅌ 블래스트/프하이플

\# 태풍이
지나갔어요.

Der Sturm ist vorbei.
데어 슈투엄 이슽 프호어바이

Der Sturm hat sich gelegt.
데어 슈투엄 핱 지히 그레클ㅌ

\# 태풍의 여파로
파도가 높아요.

Die Wellen sind wegen des Sturms sehr hoch.
디 브엘른 진ㅌ 브에근 데쓰 슈투엄쓰 제어 호흐

Kapitel 2.

가뭄

#가뭄으로 식물들이 시들어요.

Die Pflanzen verwelken wegen der Dürre.
디 프흘란쯘 프헤어브엘큰 브에근 데어 뒤어흐

#사상 최악의 가뭄이에요.

Es ist die schlimmste Dürre aller Zeiten.
에쓰 이슽 디 슐림스트 뒤어흐 알러 짜이튼

#한국은 현재 극심한 가뭄에 처해 있어요.

Korea leidet gerade unter einer schlimmen Trockenheit.
코흐에아 라이듵 그흐아드 운터 아이너 슐림믄 트흐옥큰하잍

#올해는 가뭄으로 농작물이 큰 피해를 입었어요.

Dieses Jahr fiel die Ernte wegen der Dürre sehr schlecht aus.
디즈쓰 야 프힐 디 에언트 브에근 데어 뒤어흐 제어 슐레힡 아우쓰

\# 이 가뭄이 장기간 지속될 예정이에요.

Die Trockenheit wird noch lange andauern.
디 트흐옥큰하잍 브이얼 노흐 랑으 안다우언

\# 오랜 가뭄으로 댐 수위가 낮아지고 있어요.

Der Wasserstand des Damms ist wegen/aufgrund der langen Dürre niedrig.
데어 브아써슈탄ㅌ 데쓰 담쓰 이슽 브에근/ 아우프흐그흐운ㅌ 데어 랑은 뒤어흐 니드흐이히

\# 비 한 방울 내리지 않네요.

Es regnet nicht mal einen Tropfen.
에쓰 흐에그늗 니힡 말 아이는 트흐오프흔

홍수

\# 매년 이 무렵이면 홍수가 나요.

Jedes Jahr zu dieser Zeit kommt es zu Überschwemmungen.
예드쓰 야 쭈 디저 짜잍 콤ㅌ 에쓰 쭈 위버슈브엠뭉은

#여름 기간 최대 강우량으로 기록되었어요.

Diesen Sommer gab es hier die meisten Niederschläge.
디즌 좀머 갚 에쓰 히어 디 마이스튼 니더슐래그

#홍수 때문에 철도가 파손되었어요.

Die Bahngleise wurden durch die Überschwemmung zerstört.
디 반글라이즈 브우어든 두어히 디 위버슈브엠뭉 쩨어슈퇴얼

#작년의 대규모 홍수로 인한 피해는 막대했어요.

Die große Überschwemmung letztes Jahr führte zu großen Verlusten.
디 그흐오쓰 위버슈브엠뭉 렡쯔트쓰 야 프휘어트 쭈 그흐오쓴 프헤어루스튼

#이 지역은 홍수 취약 지역이에요.

Dieses Gebiet ist von Überschwemmungen betroffen.
디즈쓰 그빝 이슽 프혼 위버슈브엠뭉은 브트흐오프흔

\# 홍수로 그 다리가 무너졌어요.

Der Fluss ist über die Ufer getreten und hat die Brücke zerstört.
데어 프흘루쓰 이슫 위버 디 우프허 그트흐에튼 운ㅌ 핱 디 브흐윅크 쩨어슈퇴엍

\# 우리 집 안까지 물이 찼어요.

Sogar unser Haus ist überschwemmt worden.
조가 운저 하우쓰 이슫 위버슈브엠ㅌ 브오어든

가을 날씨

\# 날씨가 서늘해요.

Das Herbstwetter ist kühl.
다쓰 헤엎슫브엘터 이슫 퀼

Das Wetter im Herbst ist kühl.
다쓰 브엩터 임 헤엎슫 이슫 퀼

\# 가을에 접어들었어요.

Der Herbst ist bald da.
데어 헤엎슫 이슫 발ㅌ 다

Der Herbst kommt.
데어 헤엎슫 콤ㅌ

가을은 추수의 계절이죠.
Im Herbst ist Erntezeit.
임 헤엎슽 이슽 에언트짜잍

가을에는 추수를 해요.
Im Herbst erntet man.
임 헤엎슽 에언틑 만

가을은 눈 깜짝할 사이에 지나갔어요.
Der Herbst ging schnell vorbei.
데어 헤엎슽 깅 슈넬 프호어바이

가을은 여행하기에 좋은 계절이에요.
Im Herbst kann man schön reisen.
임 헤엎슽 칸 만 슈왼 흐아이즌
Der Herbst ist eine gute Reisezeit.
데어 헤엎슽 이슽 아이느 구트 흐아이즈짜잍

가을 하늘은 참 맑아요.
Der Himmel ist im Herbst meist sehr klar.
데어 힘믈 이슽 임 헤엎슽 마이슽 제어 클라

선선한 가을 바람이 좋아요.
Ich mag den erfrischenden Wind im Herbst.
이히 막 덴 에어프흐이슌든 브인트 임 헤엎슽

단풍

#낙엽들이 물들고 있어요.

Die Blätter werden bunt.
디 블랱터 브에어든 분트

Die Blätter färben sich bunt/rot.
디 블랱터 프해어븐 지히 분트/흐옽

#가을이 되면 나무에서 낙엽이 져요.

Im Herbst verliert der Baum seine Blätter/sein Laub.
임 헤엎슽 프헤어리엍 데어 바움 자이느 블랱터/자인 라욮

Im Herbst fallen die Blätter vom Baum.
임 헤엎슽 프할른 디 블랱터 프홈 바움

#가을이 되면 숲은 갖가지 색으로 물들어요.

Im Herbst färbt sich der Wald bunt.
임 헤엎슽 프해엎트 지히 데어 브알트 분트

#나무가 노랗게 물들기 시작했어요.

Der Baum bekommt gelbe Blätter.
데어 바움 브콤트 겔브 블랱터

다음 주말에 단풍놀이를 갈 거예요.
Ich mache nächstes Wochenende einen Herbstspaziergang.
이히 마흐 내흐스트쓰 브오흔엔드 아이는 헤읖슽슈파찌어강

길에 낙엽 천지예요.
Die Straße ist mit Laub bedeckt.
디 슈트흐아쓰 이슽 밑 라웊 브뎈클

마당에 있는 낙엽을 쓸어야겠어요.
Ich sollte mal die Blätter in unserem Garten (zusammen) rechen.
이히 졸트 말 디 블랱터 인 운저흠 가튼 (쭈잠믄) 흐에히은

겨울 날씨

날씨가 추워지고 있어요.
Das Wetter wird kälter.
다쓰 브엩터 브이얻 캘터

#너무 추워요.

Es ist zu kalt.
에쓰 이슽 쭈 칼트
Es friert mich.
에쓰 프흐이엍 미히
Ich friere.
이히 프흐이어흐
Mir ist kalt.
미어 이슽 칼트

#손이 얼 것 같아요.

Meine Hände sind eiskalt.
마이느 핸드 진트 아이쓰칼트

#올 겨울은 유난히 춥네요.

Dieser Winter ist besonders kalt.
디저 브인터 이슽 브존더쓰 칼트

#추위가 조금 누그러졌어요.

Die Kälte hat nachgelassen.
디 캘트 핱 나흐그라쓴

#올해보다 작년 겨울이 더 추웠어요.

Der letzte Winter war kälter als dieser.
데어 랱쯔트 브인터 브아 캘터 알쓰 디저

#겨울도 곧 지나가겠죠.

Der Winter wird auch bald vorbei/rum sein.
데어 브인터 브이얻 아우흐 발트 프흐어바이/ 흐움 자인

저는 겨울에 감기에 잘 걸려요.
Im Winter erkälte ich mich immer leicht.
임 브인터 에어캘트 이히 미히 임머 라이힡

눈

함박눈이 내려요.
Es schneit Schneeflocken.
에쓰 슈나일 슈네프흘록큰

간밤에 서리가 내렸어요.
Heute Nacht hat sich Raureif gebildet.
호이트 나흩 핱 지히 흐아우흐아이프흐 그빌듵

들판에 서리가 맺혔어요.
Auf den Wiesen lag Reif.
아우프흐 덴 브이즌 랔 흐아이프흐

어제 폭설이 내렸어요.
Gestern hat es viel geschneit.
게스턴 핱 에쓰 프힐 그슈나일
Gestern ist viel Schnee gefallen.
게스턴 이슽 프힐 슈네 그프할른

지난밤 내린 눈으로 길이 얼었어요.
Der Weg ist wegen des Schnees gestern Nacht (zu) gefroren.
데어 브엑 이슫 브에근 데쓰 슈네쓰 게스턴 나흐트 (쭈)그프흐오어흔

아이들은 눈사람을 만들며 놀고 있어요.
Die Kinder bauen einen Schneemann.
디 킨더 바우은 아이는 슈네만

주차장 내려가는 길에서 아이들이 썰매를 타요.
Die Kinder fahren Schlitten auf dem Garagenweg.
디 킨더 프하흔 슐릳튼 아우프흐 뎀 가흐아즌브엑

눈싸움하자.
Lass uns eine Schneeballschlacht machen/spielen.
라쓰 운쓰 아인드 슈네발슐라흩 마흔/슈필른

계절

지금은 딸기가 제철이에요.
Es ist die richtige Zeit Erdbeeren zu essen.
에스 이슫 디 흐이히티그 짜일 에얼베어흔 쭈 에쓴

이맘 때 날씨치고는 매우 덥네요.
Es ist ziemlich heiß für diese Jahreszeit.
에쓰 이슽 찌믈리히 하이쓰 퓌어 디즈 야흐쓰짜일

저는 더위를 잘 타요.
Ich bin hitzeempfindlich.
이히 빈 힡쯔엠프힌틀리히

연초에 대청소를 한번 해야겠어요.
Ich sollte mal einen Frühjahrsputz machen.
이히 졸트 말 아이는 프흐위야흐쓰풑쯔 마흔

환절기가 되면 저는 예민해져요.
Ich werde zwischen den Jahreszeiten empfindlich.
이히 브에어드 쯔브이슌 덴 야흐쓰짜이튼 엠프힌틀리히

언제쯤 계절이 바뀔까요?
Wann sind die Jahreszeitenwechsel?
브안 진ㅌ 디 야흐쓰짜이튼브에흐즐?

Wann wechseln die Jahreszeiten?
브안 브에흐즐ㄴ 디 야흐쓰짜이튼?

감기의 계절이 왔습니다.
Es ist Grippezeit.
에쓰 이슽 그흐잎프짜일

Schritt 8 전화   MP3. K02_S08

전화를 걸 때(일반 상황)

리사와 통화할 수 있나요?

Kann ich mit Lisa sprechen, bitte?
칸 이히 밑 리자 슈프흐에히은, 비트?

Ist Lisa da?
이슽 리자 다?

Kannst du mir Lisa geben?
(반말)
칸슽 두 미어 리자 게븐?

안녕하세요, 저 보형인데요. 벤야민 있어요?

Guten Tag, ich heiße Bo Hyung. Ist Benjamin da?
구튼 탁, 이히 하이쓰 보형. 이슽 벤야민 다?

Hallo, hier ist Bo Hyung. Ist Benjamin da?
할로, 히어 이슽 보형. 이슽 벤야민 다?

사라와 통화하려고 하는데요.

Ich möchte mit Sarah sprechen, bitte.
이히 뫼히트 밑 자흐아 슈프흐에히은, 비트

Ich würde gerne mit Sarah sprechen.
이히 브위어드 게어느 밑 자흐아 슈프흐에히은

지금 통화 괜찮으세요?

Haben Sie gerade Zeit zum Telefonieren?
하븐 지 그흐아드 짜잍 쭘 텔레프호니어흔?

바쁘신데 제가 전화한 건가요?

Störe ich gerade?
슈퇴어흐 이히 그흐아드?

Habe ich zu einer unguten Zeit angerufen?
하브 이히 쭈 아이너 운구튼 짜잍 안그흐우프흔?

죄송합니다만, 늦게 전화드렸습니다.

Entschuldige, dass ich so spät angerufen habe.
엔트슐디그, 다쓰 이히 조 슈퍁 안그흐우프흔 하브

전화를 걸 때(회사에서)

프로젝트 때문에 전화드렸습니다.

Ich rufe Sie wegen des Projekts an.
이히 흐우프흐 지 브에근 데쓰 프흐오예클츠 안

Ich melde mich wegen des Projekts.
이히 멜드 미히 브에근 데쓰 프흐오예클츠

내일 회의 확인하려고 전화했어요.

Ich rufe Sie an, um die morgige Konferenz zu bestätigen.
이히 흐우프흐 지 안, 움 디 모어기그 콘프허흐엔쯔 쭈 브슈태티근

전화하셨다고 해서 전화드렸는데요.

Ich rufe Sie zurück.
이히 흐우프흐 지 쭈흐윅

제 주문에 관해 알렉스 씨와 통화하려고 하는데요.

Ich möchte mit Alex über die Bestellung sprechen.
이히 뫼히트 밑 알렉쓰 위버 디 브슈텔룽 슈프흐에히은

인사부 아무나 바꿔 주시겠습니까?

Kann ich mit jemandem in der Personalabteilung sprechen?
칸 이히 밑 예만듬 인 데어 페어조날압타일룽 슈프흐에히은?

Könnten Sie mich mit jemandem in der Personalabteilung verbinden?
쾬튼 지 미히 밑 예만듬 인 데어 페어조날압타일룽 프헤어빈든?

241

전화를 받을 때(일반 상황)

#저는 마리예요.
누구신가요?

Hier ist Marie, Guten Tag.
Mit wem spreche ich?
히어 이슽 마흐이, 구튼 탁. 밑 브엠
슈프흐에히으 이히?

Hier ist Marie, Guten Tag?
Wer ist dran?
히어 이슽 마흐이, 구튼 탁? 브에어 이슽
드흐안?

#무슨 일
때문이죠?

Darf ich fragen worum es
geht?
닾흐 이히 프흐아근 브오흐움 에쓰 겥?

Weshalb/Weswegen rufen
Sie an?
브에쓰할ㅍ/브에쓰브에근 흐우프흔 지 안?

#어느 분을
찾으시나요?

Mit wem möchten Sie
sprechen?
밑 브엠 뫼히튼 지 슈프흐에히은?

\# 네, 접니다.

Ja, ich bin es.
야, 이히 빈 에쓰

Bin dran.
빈 드흐안

Am Apparat.
암 아파흐앝

\# 좀 더 크게 말해 주실래요?

Können Sie ein bisschen lauter sprechen?
쾬느 지 아인 비쓰히은 라우터 슈프흐에히은?

\# 좀 천천히 말해 주시겠어요?

Ein bisschen langsamer, bitte.
에인 비쓰히은 랑자머, 비트

\# 죄송하지만 다시 한 번 말씀해 주세요.

Entschuldigung, noch einmal, bitte.
엔트슐디궁, 노흐 아인말, 비트

전화를 받을 때(회사에서)

\# AB사입니다. 안녕하세요.

Firma AB, Guten Tag.
프히어마 아베, 구튼 탘

AB사 영업부의 안드레아스 뮐러입니다. 안녕하세요.

Geschäftsabteilung Firma AB, Andreas Müller, Guten Tag.
그슈애픝츠압타일룽 프히어마 아베, 안드흐에아쓰 뮐러, 구튼 탁

Firma AB, Andreas Müller von der Geschäftsabteilung, Guten Tag.
프히어마 아베, 안드흐에아쓰 뮐러 프혼 데어 그슈애픝츠압타일룽, 구튼 탁

AB센터로 전화 주셔서 감사합니다. 무엇을 도와드릴까요?

Danke für Ihren Anruf bei Center AB. Was kann ich für Sie tun?
당크 프휘어 이어흔 안흐우프흐 바이 센터 아베. 브아쓰 칸 이히 프휘어 지 툰?

Danke für Ihren Anruf bei Center AB. Wie kann ich Ihnen helfen?
당크 프휘어 이어흔 안흐우프흐 바이 센터 아베. 브이 칸 이 이느 헬프흔?

여보세요. 뮐러 씨의 전화입니다.

Guten Tag, das ist der Anschluss von Herrn Müller.
구튼 탁, 다쓰 이슽 데어 안슐루쓰 프혼 헤언 뮐러

244

전화를 바꿔 줄 때

#잠시만요.

Einen Moment, bitte.
아이는 모멘트, 비트

#어떤 분을 바꿔 드릴까요?

Mit wem darf/soll ich Sie verbinden?
밑 브엠 닾흐/졸 이히 지 프헤어빈든?

#연결해 드리겠습니다.

Ich verbinde Sie.
이히 프헤어빈드 지

Ich stelle durch.
이히 슈텔르 두어히

#네 전화야.

Es ist für dich.
에쓰 이슽 프휘어 디히

Der Anruf ist für dich.
데어 안흐우프흐 이슽 프휘어 디히

Du wirst (am Telefon) verlangt.
두 브이어슽 (암 텔레프혼) 프헤어랑클

#잠시만 기다려 주세요. 바꿔 드릴게요.

Einen Moment bitte. Ich verbinde Sie.
아이는 모멘트 비트. 이히 프헤어빈드 지

다시 전화한다고 할 때

내가 나중에 다시 전화할게.

Ich rufe dich später/ nachher zurück.
이히 흐우프흐 디히 슈패터/나흐헤어 쭈흐윅

제가 다시 전화드릴까요?

Darf ich Sie später zurückrufen?
닾흐 이히 지 슈패터 쭈흐윅흐우프흔?

Würde es Ihnen etwas ausmachen, wenn ich Sie später zurückrufe?
브위어드 에쓰 이는 옐브아쓰 아우쓰마흔, 브엔 이히 지 슈패터 쭈흐윅흐우프흐?

제가 잠시 후에 다시 전화드리겠습니다.

Ich rufe Sie gleich zurück.
이히 흐우프흐 지 글라이히 쭈흐윅

Ich melde mich gleich bei Ihnen.
이히 멜드 미히 글라이히 바이 이는

Ich setze mich gleich nochmal mit Ihnen in Verbindung.
이히 젤쯔 미히 글라이히 노흐말 밑 이는 인 프헤어빈둥

#10분 후에 다시
전화해 주세요.

Rufen Sie bitte in zehn Minuten nochmal an.
흐우프흔 지 빝트 인 첸 미누튼 노흐말 안

Können Sie mich in zehn Minuten nochmal anrufen?
쾬느 지 미히 인 첸 미누튼 노흐말 안흐우프흔?

전화를 받을 수 없을 때

#통화 중입니다.

Er telefoniert gerade.
에어 텔레프호니얼 그흐아드

Er ist gerade nicht erreichbar.
에어 이슽 그흐아드 니힡 에어흐아이히바

#그는 지금
자리에 없어요.

Er ist gerade nicht da.
에어 이슽 그흐아드 니힡 다

Er ist gerade nicht auf seinem Platz.
에어 이슽 그흐아드 니힡 아우프흐 자이늠 플랕쯔

죄송하지만, 그는 방금 나가셨어요.

Tut mir leid, aber er hat gerade das Büro verlassen.
툩 미어 라잍, 아버 에어 핱 그흐아드 다쓰 뷔흐오 프헤어라쓴

Tut mir leid, aber er ist gerade weg.
툩 미어 라잍, 아버 에어 이슽 그흐아드 브엨

다른 전화가 와서요.

Mein Handy klingelt.
마인 핸디 클링을ᴛ

Ich muss ans Telefon.
이히 무쓰 안쓰 텔레프혼

내가 지금 뭐 하는 중이라서.

Ich bin gerade beschäftigt.
이히 빈 그흐아드 브슈애프흐티히큳

Ich habe gerade keine Zeit.
이히 하브 그흐아드 카이느 짜잍

오래 통화할 수 없어요.

Ich kann nicht so lange telefonieren.
이히 칸 니힡 조 랑으 텔레프호니어흔

전화 오면 나 없다고 해.

Wenn jemand anruft, sag, dass ich nicht da bin.
브엔 예만ᴛ 안흐우프ᴛ, 작, 다쓰 이히 니힡 다 빈

통화 상태가 안 좋을 때

 # 소리가 끊기는데.
Ich kann dich nicht verstehen.
이히 칸 디히 니힡 프헤어슈테흔

 # 전화가 끊기는 것 같은데요.
Ich glaube die Verbindung ist weg/unterbrochen.
이히 글라우브 디 프헤어빈둥 이슽 브엑/운터브흐오흔

 # 잘 안 들려요.
Ich höre dich nicht richtig.
이히 회어흐 디히 니힡 흐이히티히

 # 전화를 우선 끊어 보세요. 제가 다시 전화할게요.
Legen Sie erstmal auf. Ich rufe Sie wieder an.
레근 지 에어슽말 아우프흐. 이히 흐우프흐 지 브이더 안

 # 연결 상태가 안 좋아요.
Die Verbindung ist schlecht.
디 프헤어빈둥 이슽 슐레힡

전화 메시지

메시지를 남기시겠어요?

Möchten Sie eine Nachricht hinterlassen?
뫼히튼 지 아이느 나흐이힡 힌터라쓴?

Kann ich etwas ausrichten?
칸 이히 엘브아쓰 아우쓰흐이히튼?

제니퍼가 전화했었다고 전해 주세요.

Richten Sie (bitte) aus, dass Jennifer angerufen hat.
흐이히튼 지 (비트) 아우쓰, 다쓰 줴니프허 안그흐우프흔 핱

그에게 전화하라고 전해 주세요.

Richten Sie ihm aus, dass er mich anrufen soll.
흐이히튼 지 임 아우쓰, 다쓰 에어 미히 안흐우프흔 졸

Sag ihm bitte, dass er mich zurückrufen soll.
작 임 비트, 다쓰 에어 미히 쭈흐윅흐우프흔 졸

Können Sie ihm ausrichten, dass er mich zurückrufen soll?
쾬느 지 임 아우쓰흐이히튼, 다쓰 에어 미히 쭈흐윅흐오프흔 졸?

#그에게 1234-5678로 전화하라고 전해 주세요.

Sag ihm, dass er unter der Nummer 1234-5678 zurückrufen soll.
작 임, 다쓰 에어 운터 데어 눔머 아인쓰 쯔브아이 드흐아이 프히어-프휜프흐 제흐쓰 지븐 아흘 쭈흐윅흐우프흔 졸

#그냥 제가 전화했다고 그에게 전해 주세요.

Richte ihm nur aus, dass ich angerufen habe.
흐이히트 임 누어 아우쓰, 다쓰 이히 안그흐우프흔 하브

잘못 걸려온 전화

#전화 잘못 거셨어요.

Sie haben sich verwählt.
지 하븐 지히 프헤어브앨트

Sie haben eine falsche Nummer gewählt.
지 하븐 아이느 프할슈 눔머 그브앨트

그런 분 안 계십니다.

Hier ist niemand mit diesem Namen.
히어 이슫 니만ㅌ 밑 디즘 나믄

Hier gibt es niemanden mit diesem Namen.
히어 깁ㅌ 에쓰 니만든 밑 디즘 나믄

몇 번에 거셨어요?

Wen wollten Sie erreichen/anrufen?
브엔 브올튼 지 에어흐아이히은/안흐우프흔?

Welche Nummer haben Sie gewählt?
브엘히으 눔머 하븐 지 그브앨ㅌ?

전화번호를 다시 한 번 확인해 보세요.

Überprüfen Sie die Nummer noch einmal.
위버프흐위프흔 지 디 눔머 노흐 아인말

Sie sollten die Nummer noch einmal überprüfen.
지 졸튼 디 눔머 노흐 아인말 위버프흐위프흔

\# 제가 전화를 잘못 걸었습니다.

Entschuldigen Sie, ich habe mich verwählt.
엔트슐디근 지, 이히 하브 미히 프헤어브앨트

Tut mir leid, ich habe die falsche Nummer gewählt.
툩 미어 라잍, 이히 하브 디 프할슈 눔머 그브앨트

전화를 끊을 때

\# 몇 번으로 전화드려야 하죠?

Unter welcher Nummer kann ich dich erreichen?
운터 브엘히어 눔머 칸 이히 디히 에어흐아이히은?

\# 곧 다시 통화하자.

Telefonieren wir bald wieder.
텔레프호니어흔 브이어 발트 브이더

Ich rufe dich bald wieder an.
이히 흐우프흐 디히 발트 브이더 안

전화해 줘서 고마워요.

Danke für deinen Anruf. (반말)
당크 프휘어 다이느 안흐우프흐

Danke, dass Sie mich angerufen haben. (존댓말)
당크, 다쓰 지 미히 안그흐우프흔 하븐

그만 끊어야겠어요.

Ich muss langsam auflegen.
이히 무쓰 랑잠 아우프흐레근

Ich muss langsam Schluss machen.
이히 무쓰 랑잠 슐루쓰 마흔

연락하는 거 잊지 마.

Vergiss nicht mich anzurufen.
프헤어기쓰 니힡 미히 안쭈흐우프흔

Vergiss nicht dich zu melden.
프헤어기쓰 니힡 디히 쭈 멜든

언제든 연락해.

Ruf mich jeder Zeit an.
흐우프흐 미히 예더 짜잍 안

#다시 연락하자.

Auf Wiederhören.
아우프흐 브이더회어흔

전화 기타

#전화 좀 받아 주시겠어요?

Können Sie rangehen? (존댓말)
쾬는 지 흐안게흔?
Kannst du bitte abnehmen?
(반말)
칸슽 두 비트 압네믄?

#전화는 제가 받을게요.

Ich gehe ran.
이히 게흐 흐안

#전화를 받지 마세요.

Gehen Sie nicht ran.
게흔 지 니힡 흐안
Nehmen Sie nicht ab.
네믄 지 니힡 압
Lassen Sie es klingeln.
라쓴 지 에쓰 클링을ㄴ

공중전화는 어디 있어요?

Wo ist die Telefonzelle?
브오 이슽 디 텔레폰첼르?

전화번호부 있어요?

Haben Sie ein Telefonbuch?
하븐 지 아인 텔레폰부흐?

Schritt 9 명절 & 기념일

설날

새해 복 많이 받으세요!

Frohes Neues Jahr!
프흐오흐쓰 노이으쓰 야!

Einen guten Rutsch ins neue Jahr!
아이는 구튼 흐우츄 인쓰 노이으 야!

한국인들은 설날에 떡국을 먹어요.

In Korea isst man Reiskuchensuppe am Neujahrstag/an Neujahr.
인 코흐에아 이슫만 흐아이쓰쿠흔줖프 암 노이야으쓰탁/안 노이야

독일에서는 새해맞이로 12월 31일에 폭죽을 터트리죠.

Die Deutschen machen Feuerwerke am Silvesterabend/an Silvester.
디 도이츈 마흔 프호이브에어크 암 질브에스터아븐ㅌ/안 질브에스터

\# 한 해가 끝나가요.

Das Jahr neigt sich dem Ende zu.
다쓰 야 나이클 지히 뎀 엔드 쭈

\# 신년 결심으로 뭘 세웠어?

Was sind deine guten Vorsätze für das neue Jahr?
브아쓰 진트 다이느 구튼 프호어잴쯔 프휘어 다쓰 노이으 야?

Welchen Plan hast du für das neue Jahr?
브엘히은 플란 하슽 두 프휘어 다쓰 노이으 야?

\# 새해를 맞아 건배합시다.

Lass uns auf das neue Jahr anstoßen.
라쓰 운쓰 아우프흐 다쓰 노이으 야 안슈토쓴

Prosit Neujahr.
프호오짙 노이야

추석 & 추수감사절

#추석은 음력 8월 15일이에요.

Chuseok ist am 15. August nach dem Mondkalender/ des Mondkalenders.
추석 이슽 암 프휜프흐첸튼 아우구슽 나흐 뎀 몬ㅌ칼렌더/데쓰 몬ㅌ칼렌더쓰

#한국은 추석 연휴가 길어요.

In Korea ist Chuseok ein langer Feiertag.
인 코흐에아 이슽 추석 아인 랑어 프하이어탁

#독일에도 추석과 비슷한 명절이 있나요?

Gibt es in Deutschland ein ähnliches Fest wie Chuseok?
깁ㅌ 에쓰 인 도이츄란ㅌ 아인 애늘리히으쓰 프헤슽 브이 추석?

#한국인들은 추석날 밤에 보름달을 보며 소원을 빌어요.

In der Chuseok Nacht wünschen sich die Koreaner etwas vom Vollmond.
인 데어 추석 나흩 브윈슌 지히 디 코흐에아너 엩브아쓰 프홈 프홀몬ㅌ

#독일에서는 10월 첫째 주 일요일에 추수감사절을 지내요.

In Deutschland feiert man Erntedankfest am ersten Oktobersonntag.
인 도이츄란ㅌ 프하이엍 만 에언트당ㅋ프헤슽 암 에어스튼 옥토버존탁

#추수감사절에 뭐 할 거니?

Was hast du am Erntedankfest vor?
브아쓰 하슽 두 암 에언트당ㅋ프헤슽 프호어?

#추수감사절에 가족들을 만나러 갈 거니?

Besuchst du am Erntedankfest deine Familie?
브주흐슽 두 암 에언트당ㅋ프헤슽 다이느 프하밀리으?

부활절

부활절을 축하해요.

Frohe Ostern.
프흐오흐 오스턴

부활절은 예수의 부활을 기념하는 날이에요.

An Ostern gedenkt man Jesus Auferstehung.
안 오스턴 그뎅크트 만 예주쓰 아우프흐에어슈테훙

부활절은 보통 4월에 있죠.

Ostern ist meistens im April.
오스턴 이슽 마이스튼쓰 임 아프흐일

독일에서 부활절이면 아이들은 달걀 찾기를 큰 즐거움으로 여겨요.

Das Eiersuchen an Ostern ist für die Kinder in Deutschland ein großer Spaß.
다쓰 아이어주흔 안 오스턴 이슽 프휘어 디 킨더 인 도이츄란트 아인 그흐오써 슈파쓰

독일의 부활절은 봄 방학으로 약 2주를 쉬어요.

In Deutschland sind für ungefähr zwei Wochen Osterferien.
인 도이츄란ㅌ 진ㅌ 프휘어 운그프해어 쯔브아이 브오흔 오스터프헤어흐이은

독일에서는 부활절 토끼가 달걀을 숨긴다고 전해져요.

Die Deutschen sagen, dass der Osterhase die Eier versteckt.
디 도이춘 자근, 다쓰 데어 오스터하즈 디 아이어 프헤어슈텍ㅌ

부활절을 위해 우리는 달걀을 색칠했어요.

Wir haben für Ostern die Eier bemalt.
브이어 하븐 프휘어 오스턴 디 아이어 브말ㅌ

크리스마스

\# 어제 집에서 크리스마스 트리를 만들었어요.

Gestern haben wir den Weihnachtsbaum zu Hause geschmückt/dekoriert.
게스턴 하븐 브이어 덴 브아이나흩츠바움 쭈 하우즈 그슈뮉클트/데코흐이얼

\# 이번 크리스마스에는 어떤 선물이 받고 싶어?

Was wünschst du dir zu Weihnachten?
브아쓰 브윈슈슽 두 디어 쭈 브아이나흐튼?

\# 나는 크리스마스 선물로 새 인형을 받고 싶어.

Ich wünsche mir eine neue Puppe.
이히 브윈슈 미어 아이느 노이느 풒프

\# 내 크리스마스 선물은 뭐야? 말해 줘.

Was schenkst du mir? Sag bitte/Verrate es mir bitte.
브아쓰 슈엥크슽 두 미어? 작 비트/ 프헤어흐아트 에쓰 미어 비트

Kapitel 2.

어린이들은 크리스마스 이브에 양말을 걸어 둬요.

Die Kinder hängen ihre Socken am Weihnachtsabend auf.
디 킨더 행은 이어흐 족큰 암 브아이나흩츠아븐ㅌ 아우프흐

크리스마스 카드를 쓰고 있어요.

Ich schreibe gerade eine Weihnachtskarte.
이히 슈흐아이브 그흐아드 아이느 브아이나흩츠카트

넌 아직도 산타클로스가 있다고 믿니?

Glaubst du noch an den Weihnachtsmann?
글라웊슽 두 노흐 안 덴 브아이나흩츠만?

메리 크리스마스!

Frohe Weihnachten!
프흐오흐 브아이나흐튼!

Fröhliche Weihnachten!
프흐욀리히으 브아이나흐튼!

올해 크리스마스는 토요일이네요.

Dieses Jahr ist Weihnachten an einem Samstag.
디즈쓰 야 이슽 브아이나흐튼 안 아이늠 잠스탁

크리스마스는 가족들과 함께 보낼 예정이에요.

Ich werde Weihnachten mit meiner Familie verbringen.
이히 브에어드 브아이나흐튼 밑 마이너 프하밀리으 프헤어브흐잉은

\# 천주교 신자들은 성탄절에 미사를 드리러 성당에 가요.

Christen gehen an Weihnachten in die katholische Kirche.
크흐이스튼 게흔 안 브아이나흐튼 인 디 카톨리슈 키어히으

\# 성직자는 크리스마스 때 아주 바빠요.

Der Priester ist an Weihnachten sehr beschäftigt.
데어 프흐이스터 이슽 안 브아이나흐튼 제어 브슈애프흐티클

카니발

\# 독일은 카니발을 지역에 따라 파슁 또는 파스트나흐트라고 해요.

In Deutschland nennt man den Karneval je nach Region, Fasching oder Fastnacht.
인 도이츄란트 넨트 만 덴 카네브알 예 나흐 흐에기온, 프하슁, 오더 프하슽나흩

파슁 때는 모두 변장을 하고 길거리에 나오죠.

An Fasching verkleiden sich die Leute und gehen auf die Straße.
안 프하슁 프헤어클라이든 지히 디 로이트 운트 게흔 아우프흐 디 슈트흐아쓰

도시 곳곳을 도는 대형 퍼레이드가 진행돼요.

In der Stadt findet ein großer Karnevalsumzug/Faschingsumzug statt.
인 데어 슈탙 프힌듵 아인 그흐오써 카네브알쓰움쭉/프하슁쓰움쭉 슈탙

사람들은 매년 새로운 코스튬을 사 입죠.

Die Leute kaufen sich jedes Jahr ein neues Kostüm.
디 로이트 카우프흔 지히 예드쓰 야 아인 노이으쓰 코스튐

어떤 사람들은 자신의 코스튬을 직접 만들기도 해요.

Manche Leute schneidern/nähen sich ihre Kostüme auch selbst.
만히으 로이트 슈나이던/내흔 지히 이어흐 코흐튐 아우흐 젤프슽

\# 파슁은 11월 11일 11시 11분에 시작되어 재의 수요일에 끝나요.

Fasching fängt am 11. November um 11:11 Uhr an und geht am Aschermittwoch zu Ende.
프하슈잉 프행ㅌ 암 엘프흐튼 노브엠버 움 엘프흐 우어 엘프흐 안 운ㅌ 겔 암 아슈어밑브오흐 쭈 엔드

생일

\# 생일이 언제야?

Wann hast du Geburtstag?
브안 하슫 두 그부엍츠탁?

Wann ist dein Geburtstag?
브안 이슫 다인 그부엍츠탁?

\# 오늘은 사라의 생일이에요.

Heute hat Sarah Geburtstag.
호이트 핱 자흐아 그부엍츠탁

Heute ist Sarahs Geburtstag.
호이트 이슫 자흐아쓰 그부엍츠탁

다음주가 내 생일인 거 알고 있지?

Du weiβt, dass ich nächste Woche Geburtstag habe, oder/nicht wahr?
두 브아이쓷, 다쓰 이히 내흐스트 브오흐 그부엍츠탁 하브, 오더/니힡 브아?

하마터면 남자친구 생일을 잊어버릴 뻔 했어요.

Ich habe fast/beinahe den Geburtstag von meinem Freund vergessen.
이히 하브 프하슽/바이나흐 덴 그부엍츠탁 프혼 마이늠 프흐오인ㅌ 프헤어게쓴

우리는 생일이 같은 날이에요.

Wir haben am gleichen Tag Geburtstag.
브이어 하븐 암 글라이히은 탁 그부엍츠탁

Wir sind am gleichen Tag geboren.
브이어 진ㅌ 암 글라이히은 탁 그보어흔

#생일 축하해요!

Herzlichen Glückwunsch zum Geburtstag!
헤어쯜리히은 글뤽브운슈 쭘 그부엍츠탁!
Alles Gute zum Geburtstag!
알르쓰 구트 쭘 그부엍츠탁!

#오늘 저는 20살이 돼요.

Ich werde heute 20.
이히 브에어드 호이트 쯔브안찌히

#그의 생일 파티는 파스칼의 집에서 할 거예요.

Er feiert seinen Geburtstag bei Pascal.
에어 프하이얼 자이느 그부엍츠탁 바이 파스칼

#그는 내 생일 선물로 예쁜 신발을 주었어요.

Er hat mir schöne Schuhe geschenkt.
에어 핱 미어 슈외느 슈흐 그슈엥클

#그를 위한 선물을 예쁘게 포장하고 있어요.

Ich wickle/packe das Geschenk für ihn in ein schönes Geschenkpapier.
이히 브이클르/팤크 다쓰 그슈엥ㅋ 프휘어 인 인 아인 슈외느쓰 그슈엥ㅋ파피어

Kapitel 2.

#그의 선물을 숨겨 뒀어요.
Ich habe das Geschenk für ihn versteckt.
이히 하브 다쓰 그슈엥ㅋ 프휘어 인 프헤어슈텍클트

#우리 둘이 돈을 조금씩 모아서 마크의 선물을 샀어요.
Das Geschenk für Mark ist von uns beiden.
다쓰 그슈엥ㅋ 프휘어 마크 이슽 프혼 운쓰 바이든

축하

#축하해.
Herzlichen Glückwunsch.
헤어쯜리히은 글륔브운슈
Gratuliere.
그흐아툴리어흐
Alles Gute.
알르쓰 구트

#결혼 축하해요.
Glückwunsch zur Hochzeit.
글륔브운슈 쭈어 호흐짜잍
Gratulation zur Hochzeit.
그흐아툴라찌온 쭈어 호흐짜잍

#정말 잘됐네요.
Ich freue mich für dich.
이히 프흐오이으 미히 프휘어 디히

시험에 합격한 걸 축하해.

Glückwunsch zur bestandenen Prüfung.
글뤽브운슈 쭈어 브슈탄드는 프흐위프훙

Glückwunsch zum Bestehen der Prüfung.
글뤽브운슈 쭘 브슈테흔 데어 프흐위프훙

딸이 태어난 걸 축하해요.

Herzlichen Glückwunsch zur Geburt Ihrer Tochter.
헤어쯜리히은 글뤽브운슈 쭈어 그부얼 이어허 토흐터

성공을 빌어요.

Viel Erfolg.
프힐 에어프홀ㅋ

행운을 빌어요!

Viel Glück!
프힐 글뤽!

Toi toi toi!
토이 토이 토이!

고맙습니다. 운이 좋았던 것 같아요.

Danke schön. Ich hatte Glück.
당크 슈왼. 이히 핱트 글뤽

Kapitel 3
독일 여행도 문제없어!

독일 어디로 여행을 갈까?
지도를 펴 놓고 고민하다 보면,
마음은 벌써 바다를 건너고 있습니다.
독일 여행, 그 출발부터 문제없도록 도와줄
여러 표현들과 함께 즐거운 여행하세요!

Schritt 1   출발 전
Schritt 2   공항에서
Schritt 3   기내에서
Schritt 4   기차에서
Schritt 5   숙박
Schritt 6   관광
Schritt 7   교통

Words

☐ **das Flugzeug /-e**
다쓰 프흘룩쪼익 / 디 프흘룩쪼이그
n. 비행기

☐ **der Flughafen /¨**
데어 프흘룩하프흔 / 디 프흘룩해프흔
n. 공항

☐ **der Reisepass /¨e**
데어 흐아이즈파쓰 / 디 흐아이즈패쓰
n. 여권

☐ **das Flugticket /-s**
다쓰 프흘룩티켙 / 디 프흘룩티켙츠
n. 항공권

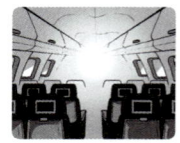

☐ **der Sitz /-e**
데어 짙츠 / 디 짙쯔
n. 자리, 좌석

☐ **das Gepäck /-e**
다쓰 그팩 / 디 그팩크
n. 수하물; 여행 가방

☐ **buchen** 부흔
v. 예약하다

☐ **stornieren** 슈토어니어흔
v. 취소하다, 해약하다

☐ der Zug /¨e
데어 쭉 / 디 쮜그
n. 기차

☐ die U-Bahn /-en
디 우-반 / 디 우-바는
= die Untergrundbahn /-en
디 운터그흐운트반 / 디 운터그흐운트바는
n. 지하철

☐ das Auto /-s
다쓰 아우토 / 디 아우토쓰
n. 자동차

☐ das Taxi /-s
다쓰 탁씨 / 디 탁씨쓰
n. 택시

☐ das Fahrrad /¨er
다쓰 프하흐앝 / 디 프하흐애더
n. 자전거

☐ das Motorrad /¨er
다쓰 모토어흐앝 / 디 모토어흐애더
n. 오토바이

☐ das Schiff /-e
다쓰 슈이프흐 / 디 슈이프흐
n. 배

☐ das Boot /-e
다쓰 볼 / 디 보트
n. 보트, 작은 배

Kapitel 3.

Schritt 1 출발 전

MP3. K03_S01

항공권 예약

비행기로 가시나요?

Nehmen Sie das Flugzeug?
네믄 지 다쓰 프흘룩쪼익?

Fliegen Sie?
프흘리근 지?

목적지가 어디입니까?

Wohin fliegen/reisen Sie?
브오힌 프흘리근/흐아이즌 지?

Wohin geht's?
브오힌 겥츠?

Wo machen Sie Urlaub?
브오 마흔 지 우얼라읖?

프랑크푸르트로 가는 비행기 예약하고 싶은데요.

Ich möchte den Flug nach Frankfurt buchen.
이히 뫼히트 덴 프흘룩 나흐 프흐앙크프후얼 부흔

언제 떠날 예정인가요?

Wann reisen Sie ab?
브안 흐아이즌 지 압?

An welchem Tag planen Sie abzureisen?
안 브엘히음 탁 플라는 지 압쭈흐아이즌?

#가능한 한 직항으로 부탁합니다.

Ich möchte eine direkte Verbindung/einen Direktflug bitte.
이히 뫼히트 아이느 디흐엑트 프헤어빈둥/
아이느 디흐에큨프흘룩 비트

#편도 티켓인가요 왕복 티켓인가요?

Einfach oder Hin- und Rückflug?
아인프하흐 오더 힌- 운ㅌ 쭈흐윜프흘룩?

#얼마인가요?

Wie viel kostet das?
브이 프힐 코스틑 다쓰?

예약 확인 & 변경

#예약을 재확인하고 싶은데요.

Ich möchte die Buchung nochmal überprüfen.
이히 뫼히트 디 부흐웅 노흐말 위버프흐위프흔

성함과 비행편을 말씀해 주시겠어요?

Können Sie mir Ihren Namen und die Flugnummer nennen?
쾬는 지 미어 이어흔 나믄 운ㅌ 디 프흘룩눔머 넨는?

예약 번호를 알려 주시겠습니까?

Können Sie mir Ihre Buchungsnummer nennen?
쾬는 지 미어 이어흐 부흐웅쓰눔머 넨는?

12월 1일 프랑크푸르트행 704편입니다. 제 예약 번호는 123456입니다.

Ich habe den Flug 704 nach Frankfurt am ersten Dezember reserviert. Die Reservierungsnummer ist/lautet 123456.
이히 하브 덴 프흘룩 지븐 눌 프히어 나흐 프흐앙크프후얼 암 에어스튼 데쩸버 흐에저브히얼. 디 흐에저브히어흐웅쓰눔머 이슫/라우틑 아인쓰 쯔브아이 드흐아이 프히어 프휜프흐 제흐쓰

\# 4월 1일 예약을
4월 10일로
바꾸고 싶습니다.

Ich möchte den Flug vom ersten April auf den zehnten April umbuchen.
이히 뫼히트 덴 프흘룩 프홈 에어스튼 아프흐일 아우프흐 덴 첸튼 아프흐일 움부흔

\# 서울에서
프랑크푸르트까지
얼마나 걸리나요?

Wie lange dauert der Flug von Seoul nach Frankfurt?
브이 랑으 다우엍 데어 프흘룩 프횬 서울 나흐 프흐앙크프후엍?

여권

\# 새 여권을
신청하려는데요.

Ich möchte einen neuen Reisepass beantragen.
이히 뫼히트 아이는 노이은 흐아이즈파쓰 브안트흐아근

\# 어디에서 여권을
발급받을 수
있나요?

Wo kann ich meinen Pass abholen?
브오 칸 이히 마이느 파쓰 압홀른?

Wo muss ich hin, um meinen Pass zu beantragen?
브오 무쓰 이히 힌, 움 마이느 파쓰 쭈 브안트흐아근?

Kapitel 3.

여권을 만드는 데 얼마나 걸리나요?

Wie lange dauert es, bis ich meinen Pass abholen kann?
브이 랑으 다우얼 에쓰, 비스 이히 마이느 파쓰 압홀른 칸?

Wie lange dauert es einen Pass zu bekommen?
브이 랑으 다우얼 에쓰 아이는 파쓰 쭈 브콤믄?

여권을 발급하려면 무엇을 준비해야 하나요?

Was brauche ich (für Unterlagen), um einen Pass zu beantragen?
브아쓰 브흐아우흐 이히 (프휘어 운터라근), 움 아이는 파쓰 쭈 브안트흐아근?

제 여권은 올해 말로 만기가 돼요.

Mein Pass läuft zum Jahresende ab.
마인 파쓰 로이픝 쭘 야흐쓰엔트 압

여권이 곧 만기가 되기 때문에 갱신해야 해요.

Ich muss meinen Pass erneuern/verlängern, weil er bald abläuft.
이히 무쓰 마이느 파쓰 에어노이언/프헤어랭언, 브아일 에어 발ㅌ 압로이픝

비자

#독일 비자를
신청하고 싶습니다.

Ich möchte ein Visum für Deutschland beantragen.
이히 뫼히트 아인 브이줌 프휘어 도이츄란트
브안트흐아근

#비자 연장을
신청하고 싶은데요.

Ich möchte mein Visum verlängern.
이히 뫼히트 마인 브이줌 프헤어랭언

#비자 발급은
얼마나 걸리죠?

Wie lange braucht man, um ein Visum zu bekommen?
브이 랑으 브흐아우흩 만, 움 아인 브이줌 쭈
브콤믄?

#제 비자는 언제
받을 수 있죠?

Wann bekomme ich mein Visum?
브안 브콤므 이히 마인 브이줌?

#비자 발급이
허가되었는지
알고 싶어요.

Ich würde gerne wissen, ob mein Visum genehmigt wurde.
이히 브위어드 게어느 브이쓴, 옾 마인 브이줌
그네미큩 브우어드

한국인들은 독일에서 3개월 간 무비자로 머무를 수 있습니다.

Koreaner können drei Monate lang ohne Visum in Deutschland bleiben.
코흐에아너 쾬는 드흐아이 모나트 랑 오느 브이줌 인 도이츄란트 블라이븐

이 비자의 유효 기간은 6개월입니다.

Das Visum ist sechs Monate gültig.
다쓰 브이줌 이슽 제흐쓰 모나트 귈티히

무슨 비자를 가지고 계십니까?

Was für ein Visum haben Sie?
브아쓰 프휘어 아인 브이줌 하븐 지?

Schritt 2 공항에서

MP3. K03_S02

공항 이용

#늦어도 출발 한 시간 전에는 탑승 수속을 해 주세요.

Checken Sie bitte mindesten eine Stunde vor Abflug ein.
췌큰 지 비트 민드쓰튼 아이느 슈튼드 프호어 압프흘룩 아인

#탑승 수속을 위해 출발 두 시간 전까지는 공항에 도착해야 해.

Wir müssen zwei Stunden vor Abflug am Flughafen sein, um einzuchecken.
브이어 뮈쓴 쯔브아이 슈튼든 프호어 압프흘룩 암 프흘룩하프흔 자인, 움 아인쭈췌큰

#부치실 짐이 있습니까?

Haben Sie Gepäck aufzugeben?
하븐 지 그팩 아우프흐쭈게븐?

#국제선 터미널은 어디인가요?

Wo ist der Terminal für die internationalen Flüge?
브오 이슽 데어 터미늘 프휘어 디 인터나찌오날른 프흘뤼그?

Kapitel 3.

베를린으로 가는 연결편을 타야 해요.

Ich muss auf den Flug nach Berlin umsteigen.
이히 무쓰 아우프흐 덴 프흘룩 나흐 베얼린 움슈타이근

비행기가 연착해서 연결편을 놓쳤어요.

Ich habe aufgrund der Verspätung meines Flugs den Anschlussflug verpasst.
이히 하브 아우프흐그흐운트 데어 프헤어슈패퉁 마이느쓰 프흘룩쓰 덴 안슐루쓰프흘룩 프헤어파쓷

다음 편에 탑승하시도록 해 드릴게요.

Ich helfe Ihnen, damit Sie noch einen Platz im nächsten Flieger bekommen.
이히 헬프흐 이는, 다밑 지 노흐 아이는 플랕쯔 임 내흐스튼 프흘리거 브콤믄

티켓팅

'루프트한자' 카운터는 어디인가요?

Wo ist der (Check-In-) Counter von ‚Lufthansa'?
브오 이슽 데어 (췍크인) 카운터 프혼 '루플한자'?

#다음 창구로 가십시오.

Gehen Sie bitte an den/zum nächsten Schalter.
게흔 지 비트 안 덴/쭘 내흐스튼 슈알터

#인터넷으로 비행기를 예약했습니다.

Ich habe den Flug im Internet gebucht.
이히 하브 덴 프흘룩 임 인터넽 그부흩

#창가 쪽 좌석으로 부탁해요.

Den Sitz an der Fensterseite bitte.
덴 짙쯔 안 데어 프헨스터자이트 비트

Einen Fenstersitz bitte.
아이는 프헨스터짙쯔 비트

#서울행 KAL은 몇 번 게이트죠?

Welches Gate hat der Flug KAL nach Seoul?
브엘히으쓰 게이트 핱 데어 프흘룩 카아엘 나흐 서울?

Was ist die Gate-Nummer für den Flug KAL nach Seoul?
브아쓰 이슽 디 게이트–눔머 프휘어 덴 프흘룩 카아엘 나흐 서울?

Kapitel 3.

여권 보여 주세요.
Ihren Pass bitte.
이어흔 파쓰 비트

Zeigen Sie mir Ihren Pass bitte.
짜이근 지 미어 이어흔 파쓰 비트

탑승권을 확인해 주시기 바랍니다.
Überprüfen Sie bitte Ihr Flugticket.
위버프흐위프흔 지 비트 이어 프흘룩티켈

탑승

탑승은 언제 하나요?
Wann ist das Boarding?
브안 이슷 다쓰 보어딩?

어느 출입구로 가면 되죠?
Zu welchem Gate muss ich?
쭈 브엘히음 게이트 무쓰 이히?

곧 탑승을 시작하겠습니다.
Wir beginnen gleich mit dem Boarding.
브이어 브긴는 글라이히 밑 뎀 보어딩

#탑승권을 보여 주시겠습니까?

Ihr Flugticket bitte.
이어 프흘룩티켙 비트

#대한항공 702편을 이용하시는 모든 승객 여러분께서는 12번 탑승구에서 탑승 수속을 하시기 바랍니다.

Abflug des Fluges KE 702 nach München.
Bitte begeben Sie sich zum Ausgang Nummer 12 und halten Sie Ihre Bordkarte bereit.
압프흘룩 데쓰 프흘루그쓰 카에 지븐 눌 쯔브아이 나흐 뮌히은. 비뜨 브게븐 지 지히 쭘 아우쓰강 눔머 쯔브욀프흐 운트 할튼 지 이어흐 보얻카흐트 브흐아읻

#오전 10시에 출발하는 605편기 탑승구가 D29로 변경되었습니다.

Achtung bitte, das Gate des Fluges 605 nach Berlin um 10 Uhr wurde zu Gate D29 geändert.
아흐퉁 비트, 다쓰 게이트 데쓰 프흘루그쓰 제흐쓰 눌 프휜프흐 나흐 베얼린 움 첸 우어 브우어드 쭈 게이트 데 노인운트쯔브안찌히 그앤덭

#서울행 KAL 702편이 10분 연착되었습니다.

Der Abflug des Fluges KAL 702 nach Seoul verspätet sich um 10 Minuten.
데어 압프흘룩 데쓰 프흘루그쓰 카아엘 지븐 눌 쯔브아이 나흐 서울 프헤어슈패틑 지히 움 첸 미누튼

세관

#세관 신고서를 작성해 주세요.

Füllen Sie bitte die Zollanmeldung aus.
프휠른 지 비트 디 쫄안멜둥 아우쓰

#세관 신고서를 보여 주시겠어요?

Ihre Zollanmeldung bitte.
이어흐 쫄안멜둥 비트

Können Sie mir Ihre Zollanmeldung zeigen?
쾬는 지 미어 이어흐 쫄안멜둥 짜이근?

#신고하실 물품이 있습니까?

Haben Sie etwas zu verzollen?
하븐 지 엩브아쓰 쭈 프헤어쫄른?

#신고할 것은 없습니다.	**Nichts.** 니힡쯔 **Ich habe nichts zu verzollen.** 이히 하브 니힡쯔 쭈 프헤어쫄른
#가방을 테이블 위에 올려 주세요.	**Legen Sie Ihre Tasche bitte auf diesen Tisch.** 레근 지 이어흐 타슈 비트 아우프흐 디즌 티슈
#이것은 제가 사용하는 거예요. (제 겁니다.)	**Das ist meins.** 다쓰 이슽 마인쓰
#액체류는 반입할 수 없습니다.	**Keine Flüssigkeiten.** 카이느 프흘뤼씨히카이튼 **Flüssigkeiten sind nicht erlaubt.** 프흘뤼씨히카이튼 진트 니힡 에어라우플

면세점 이용

#면세점은 어디 있나요?	**Wo ist der Dutyfreeshop?** 브오 이슽 데어 듀티프리숖?

Kapitel 3.

탑승구 방향으로 가다 보면 면세점이 나올 거예요.
Der Dutyfreeshop befindet sich in Richtung Ausgang.
데어 듀티프리숖 브프힌들 지히 인 흐이히퉁 아우쓰강

면세점 구경할 시간이 있을까요?
Haben wir Zeit uns im Dutyfreeshop umzusehen?
하븐 브이어 짜일 운쓰 임 듀티프리숖 움쭈제흔?

면세점에서는 더 싸게 살 수 있어요.
(면세점의 물건들은 조금 더 싸요.)
Die Sachen im Dutyfreeshop sind etwas günstiger.
디 자흔 임 듀티프리숖 진트 엘브아쓰 귄스티거

여행자 수표도 받나요?
Nehmen Sie auch Reiseschecks an?
네믄 지 아우흐 흐아이즈쉑쓰 안?

네, 신분증을 보여 주시겠어요?
Ja, können Sie mir Ihren Ausweis zeigen?
야, 쾬는 지 미어 이어흔 아우쓰브아이쓰 짜이근?

면세점에서 가족들에게 줄 선물을 사려고요.
Ich werde ein Geschenk für meine Familie im Dutyfreeshop kaufen.
이히 브에어드 아인 그슈엔ㅋ 프휘어 마이느 프하밀리으 임 듀티프리숖 카우프흔

출국 심사

비(非)유럽 국가 승객께서는 옆줄을 이용해주세요.

Die Schlange für die nichteuropäischen Reisegäste befindet sich nebenan.
디 슐랑으 프휘어 디 니힡오이흐오패이슌 흐아이즈개스트 브프힌들 지히 네븐안

여권과 탑승권을 보여 주세요.

Ihren Pass und das Ticket bitte.
이어흔 파쓰 운트 다쓰 티켙 비트

Zeigen Sie mir Ihren Pass und das Ticket bitte.
짜이근 지 미어 이어흔 파쓰 운트 다쓰 티켙 비트

어디까지 가십니까?

Wohin fliegen Sie?
브오힌 프흘리근 지?

Wohin geht die Reise?
브오힌 겥 디 흐아이즈?

독일 프랑크프루트에서 환승해 베를린으로 갑니다.

Ich fliege über Frankfurt nach Berlin.
이히 프흘리그 위버 프흐앙크프후엍 나흐 베얼린

Kapitel 3.

#언제
돌아오십니까?

Wann kommen Sie wieder/zurück?
브안 콤믄 지 브이더/쭈흐윅?

#일행이 있습니까?

Fliegen Sie mit jemandem zusammen?
프흘리근 지 밑 예만듬 쭈잠믄?

#상사와 함께
갑니다.

Ich begleite meinen Chef.
이히 브글라이트 마이는 슈에프흐

입국 심사

#여권과 입국
신고서를 보여
주시겠어요?

Ihr Pass und das Einreiseformular bitte.
이어 파쓰 운ㅌ 다쓰 아인흐아이즈프호어물라 비트

Zeigen Sie mir Ihren Pass und das Einreiseformular.
짜이근 지 미어 이어흔 파쓰 운ㅌ 다쓰 아인흐아이즈프호어물라

국적은
어디입니까?

Woher kommen Sie?
브오헤어 콤믄 지?

Was ist Ihre Nationalität?
브아쓰 이슽 이어흐 나찌오날리탵?

방문 목적은
무엇입니까?

Zu welchem Zweck besuchen Sie Deutschland?
쭈 브엘히음 쯔브엨 브주흔 지 도이츄란ㅌ?

Was ist der Grund für Ihren Deutschlandbesuch?
브아쓰 이슽 데어 그흐운ㅌ 프휘어 이어흔 도이츄란ㅌ브주흐?

관광차 왔습니다.

Ich bin als Tourist_in hier.
이히 빈 알쓰 투흐이슽_인 히어

출장차 왔습니다.

Ich bin geschäftlich hier.
이히 빈 그슈애프틀리히 히어

Ich bin wegen der Arbeit hier.
이히 빈 브에근 데어 아바잍 히어

친척들을
만나러 왔어요.

Ich besuche meine Familie.
이히 브주흐 마이느 프하밀리으

#돌아갈 항공권을 갖고 있습니까?

Haben Sie ein Rückflugticket?
하븐 지 아인 흐윅프흘룩티켙?

#독일 첫 방문입니까?

Ist das Ihr erster Besuch?
이슽 다쓰 이어 에어스터 브주흐?

Sind Sie zum ersten Mal in Deutschland?
진ㅌ 지 쯤 데어스튼 말 인 도이츄란ㅌ?

#어디서 묵을 예정이십니까?

Wo werden Sie unterkommen?
브오 브에어든 지 운터콤믄?

Wo ist Ihre Unterkunft?
브오 이슽 이어흐 운터쿤프흩?

#친구의 집에서 묵을 예정입니다.

Bei meinem Freund.
바이 마이늠 프흐오인ㅌ

Ich werde bei meinem Freund wohnen/unterkommen.
이히 브에어드 바이 마이늠 프흐오인ㅌ 브오는/운터콤믄

\# 이 나라에서 얼마나 오래 머무를 예정입니까?

Wie lange werden Sie hier sein?
브이 랑으 브에어든 지 히어 자인?

Wie lange werden Sie sich hier aufhalten?
브이 랑으 브에어든 지 지히 히어 아우프흐할튼?

\# 일주일 간 머무르고 프랑스로 떠날 겁니다.

Für eine Woche, dann reise ich weiter nach Frankreich.
프휘어 아이느 브오흐, 단 흐아이즈 이히 브아이터 나흐 프흐앙크흐아이히

짐을 찾을 때

\# 제 짐을 찾으려면 어디로 가야 하나요?

Wo ist die Gepäckrückgabe?
브오 이슽 디 그팩흐윅가브?

\# 저기 수하물계로 가십시오.

Die Gepäckrückgabe ist da drüben.
디 그팩흐윅가브 이슽 다 드휘븐

Die Gepäckrückgabe befindet sich dort drüben.
디 그팩흐윅가브 브프힌듵 지히 도엍 드휘븐

Kapitel 3.

제 짐이 보이지 않아요.

Mein Gepäck fehlt.
마인 그팩 프헬트

Mein Gepäck ist nicht da.
마인 그팩 이슽 니힡 다

Ich sehe mein Gepäck nicht.
이히 제흐 마인 그팩 니힡

제 짐이 어디 있는지 확인해 주시겠어요?

Können Sie bitte nachschauen, wo mein Gepäck geblieben ist?
쾬는 지 비트 나흐슈아운, 브오 마인 그팩 그블리븐 이슽?

제 짐이 파손됐어요.

Mein Gepäck wurde beschädigt.
마인 그팩 브우어드 브슈애디클

제 짐이 아직 도착하지 않았어요.

Mein Gepäck ist verloren gegangen.
마인 그팩 이슽 프헤어로어흔 그강은

짐이 도착하는대로 연락드리겠습니다.

Wir melden uns, wenn Ihr Gepäck da ist.
브이어 멜든 운쓰, 브엔 이어 그팩 다 이슽

마중

공항에 누가 저를 마중 나올 예정입니까?

Wird Sie jemand vom Flughafen abholen?
브이얼 지 예만트 프홈 프흘룩하프흔 압호른?

공항으로 마중 나와 주시겠어요?

Würden Sie mich abholen?
브위어든 지 미히 압홀른?

만나기로 한 분 성함이 어떻게 되죠?

Wer holt Sie ab?
브에어 홀트 지 압?

거래처에서 다비드라는 분이 나오기로 했어요.

Der Geschäftspartner David wird kommen.
데어 그슈애픁츠팔트너 다빋 브이얼 콤믄

우리를 마중 나와 줘서 고마워요.

Danke, dass Sie uns so herzlich empfangen.
당크, 다쓰 지 운쓰 조 헤어쫄리히 엠프항은

당신을 마중하도록 차를 예약해 놓았어요.

Ich habe ein Auto für Sie organisiert, dass Sie abholen wird.
이히 하브 아인 아우토 프휘어 지 오어가니지얼, 다쓰 지 압홀른 브이얼

내가 공항에 마중 나갈게.

Ich hole dich vom Flughafen ab.
이히 홀르 디히 프홈 프흘룩하프흔 압

비행기 연착 때문에 1시간은 더 그를 기다려야 해요.

Ich muss wegen der Verspätung des Fluges noch eine Stunde warten.
이히 무쓰 브에근 데어 프헤어슈패퉁 데쓰 프흘루그쓰 노흐 아이느 슈툰드 브아튼

공항 기타

그는 프랑크푸르트를 경유해서 갑니다.

Er fliegt via/über Frankfurt.
에어 프흐리클 브이아/위버 프흐앙크프후얼

298

이 비행기는
프랑크푸르트를
경유해서
스페인으로 갑니다.

Der Flug ist via Frankfurt nach Spanien.
데어 프흘룩 이슽 브이아 프흐앙크프후엍 나흐 슈파니은

Wir fliegen über Frankfurt nach Spanien.
브이어 프흘리근 위버 프흐앙크프후엍 나흐 슈파니은

이 비행기는
베를린으로
직항합니다.

Das ist ein Direktflug nach Berlin.
다쓰 이슽 아인 디흐에큩프흘룩 나프 베얼린

내일 아침
제가 탈 수 있는
프랑크푸르트
직항이 있나요?

Gibt es für morgen noch einen Direktflug nach Frankfurt?
깁트 에쓰 프휘어 모어근 노흐 아이는 디흐에큩프흘룩 나흐 프흐앙크프후엍?

Gibt es für morgen noch einen Flug direkt nach Frankfurt?
깁트 에쓰 프휘어 모어근 노흐 아이는 프흘룩 디흐에큩 나프 프흐앙크프후엍?

Kapitel 3.

죄송합니다, 내일은 직항이 없습니다.
Tut mir leid, aber für morgen gibt es keine direkten Verbindungen.
툳 미어 라읻, 아버 프휘어 모어근 깁ㅌ 에쓰 카이느 디흐에크튼 프헤어빈둥은

태풍 때문에 공항에서 꼼짝 못하고 있었어요.
Wir saßen wegen des Sturms am Flughafen fest.
브이어 자쓴 브에근 데쓰 슈투엄쓰 암 프흘룩하프흔 프헤슽

Schritt 3 기내에서

MP3. K03_S03

기내 좌석 찾기 & 이륙 준비

좌석을 안내해 드릴까요?

Darf ich Ihnen helfen Ihren Sitz zu finden?
닾흐 이히 이는 헬프흔 이어흔 짙쯔 쭈 프힌든?

네, A열 23번 좌석이 어디 있죠?

Ja, Danke schön. Wo ist der Sitz 23A?
야, 당크 슈왼. 브오 이슽 데어 짙쯔 드흐아이운트쯔브안찌히 아?

이쪽입니다. 직진하셔서 오른편 창가입니다.

Hier entlang. Gehen Sie geradeaus und auf der rechten Seite am Fenster ist der Sitz.
히어 엔트랑. 게흔 지 그흐아드아우쓰 운트 아우프흐 데어 흐에히튼 자이트 암 프헨스터 이슽 데어 짙쯔

혹시 다른 좌석으로 바꿀 수 있을까요?

Gibt es die Möglichkeit den Sitz zu tauschen?
깁트 에쓰 디 뫼클리히카일 덴 짙쯔 쭈 타우슌?

제 짐을 좌석 위 짐칸에 올리도록 도와주시겠어요?

Könnten Sie mir mit dem Gepäck helfen?
쾬튼 지 미어 밑 뎀 그팩 헬프흔?

Kapitel 3.

제 가방을 의자 밑에 두어도 되나요?

Darf ich die Tasche unter den Sitz stellen?
닯흐 이히 디 타슈 운터 덴 짙쯔 슈텔른?

잠시 후에 이륙합니다.

Wir fliegen in wenigen Minuten ab.
브이어 프흘리근 인 브에니근 미누튼 압

안전벨트를 착용해 주십시오.

Bitte anschnallen.
비트 안슈날른

기내에서

잡지나 읽을 것을 좀 주시겠어요?

Haben Sie ein Magazin oder etwas anderes zum Lesen für mich?
하븐 지 아인 마가찐 오더 엩브아쓰 안더흐쓰 쭘 레즌 프휘어 미히?

담요와 베개 좀 부탁해요.

Ich hätte gern eine Decke und ein Kissen bitte.
이히 햍트 게언 아이느 데크 운트 아인 키쓴 비트

\# 실례합니다. 저와 자리를 바꿔 주실 수 있을까요?

Entschuldigen Sie, würden Sie vielleicht den Sitz mit mir tauschen?
엔트슐디근 지, 브위어든 지 프힐라이힡 덴 짙쯔 밑 미어 타우슌?

\# 비행 시간은 얼마나 걸립니까?

Wie lange fliegen wir?
브이 랑으 프흘리근 브이어?

\# 서울과 프랑크푸르트 간 시차는 얼마죠?

Wieviel Stunden liegen zwischen Seoul und Frankfurt?
브이프힐 슈툰든 리근 쯔브이슌 서울 운트 프흐앙크프후얼?

\# 운항 중에는 전자기기 사용을 금합니다.

Im Flug ist die Benutzung von Elektrogeräten verboten.
임 프흘룩 이슽 디 브눋쭝 프혼 에렉트흐오그흐애튼 프헤어보튼

Kapitel 3.

303

\# 비행기가 완전히 멈출 때까지 좌석에서 기다려 주세요.

Bitte bleiben Sie noch angeschnallt sitzen, bis wir die endgültige Parkposition erreicht haben.
비트 블라이븐 지 노흐 안그슈날트 짙쯘, 비쓰 브이어 디 엔트귈티그 팍포지찌온 에어흐아이힡 하븐

기내식

\# 무엇으로 하시겠습니까?
(메뉴 선택)

Was darf ich Ihnen bringen?
브아쓰 닾흐 이히 이는 브흐잉은?

Was darf es für Sie/bei Ihnen sein?
브아쓰 닾흐 에쓰 프휘어 지/바이 이는 자인?

Wissen Sie was Sie bestellen möchten?
브이쓴 지 브아쓰 지 브슈텔른 뫼히튼?

\# 쇠고기로 할게요.

Rindfleisch bitte.
흐인트프흘라이슈 비트

Ich nehme das Rindfleisch.
이히 네므 다쓰 흐인트프흘라이슈

\# 어떤 종류의 와인이 있나요?

Was für Weine haben Sie (da)?
브아쓰 프휘어 브아이느 하븐 지 (다)?

커피는 됐습니다.

Nein danke, für mich nicht.
나인 당크, 프휘어 미히 니힡

Nein danke, für mich keinen Kaffee.
나인 당크, 프휘어 미히 카이는 카프헤

물 한 컵 주시겠어요?

Ein Glas Wasser bitte.
아인 글라쓰 브아써 비트

Könnte ich ein Glas Wasser bekommen?
쾬트 이히 아인 글라쓰 브아써 브콤믄?

테이블을 치워 드릴까요?

Hat es Ihnen geschmeckt?
핱 에쓰 이는 그슈메큳?

Sind Sie fertig?
진트 지 프헤어티히?

Kapitel 3.

Schritt 4 기차에서

MP3. K03_S04

기차표 구입

쾰른행 기차표를 한 장 구매하고 싶습니다.

Ein Ticket nach Köln bitte.
아인 티켙 나흐 쾰른 비트

Ich möchte gern ein Ticket nach Köln kaufen.
이히 뫼히트 게언 아인 티켙 나흐 쾰른 카우프흔

베를린행 가장 빠른 시간의 열차가 몇 시에 있나요?

Um wie viel Uhr fährt der schnellste Zug nach Berlin?
움 브이 프힐 우어 프해얼 데어 슈넬스트 쭉 나흐 베얼린?

담슈타트행 열차표 어른 2장, 아이 1장 주세요.

Zwei Erwachsene und ein Kind nach Darmstadt bitte.
쯔브아이 에어브아흐스느 운트 아인 킨트 나흐 담슈탙 비트

뮌헨으로 가는 가장 싼 티켓은 얼마인가요?

Wie viel kostet das günstigste Ticket nach München?
브이 프힐 코스틑 다쓰 귄스티히스트 티켙 나흐 뮌히은?

#편도 요금 60유로이고, 왕복 요금은 90유로입니다.

Eine einfache Fahrt kostet 60 Euro, Hin- und Rückfahrt 90 Euro.
아이느 아인프하흐 프핱 코스틑 제히찌히 오이흐오, 힌- 운ㅌ 흐윕프핱 노인찌히 오이흐오

#그럼 왕복 표로 주세요.

Dann nehme ich Hin- und Rückfahrt.
단 네므 이히 힌- 운ㅌ 흐윕프핱

기차 타기

#베를린행 기차는 어디에서 타나요?

Wo fährt der Zug nach Berlin ab?
브오 프해엍 데어 쭉 나흐 베얼린 압?

#3번 플랫폼으로 가세요.

Auf Gleis drei.
아우프흐 글라이쓰 드흐아이

Der Zug fährt auf Gleis drei ab.
데어 쭉 프해엍 아우프흐 글라이쓰 드흐아이 압

\# 기차 안에 짐을
따로 보관할 수
있는 곳이 있나요?

Wo im Zug kann man das Gepäck verstauen?
브오 임 쭉 칸 만 다쓰 그팩 프헤어슈타우은?

\# 이 기차가
쾰른으로 가는 게
맞나요?

Fährt der Zug nach Köln?
프해엍 데어 쭉 나흐 쾰른?

\# 기차는 몇 시에
떠나나요?

Wann fährt der Zug ab?
브안 프해엍 데어 쭉 압?

\# 기차 안에
화장실이 있나요?

Gibt es in dem Zug Toiletten?
깁트 에쓰 인 뎀 쭉 토일렡튼?

\# 기차에 자전거를
가지고 탈 수
있나요?

Darf man sein Fahrrad im Zug mitnehmen?
닾흐 만 자인 프하흐앝 임 쭉 밑네믄?

\# 자전거를 가지고
탈 수 있지만,
별도의 티켓을
구입하셔야 합니다.

Ja, die Fahrrad-Mitnahme ist gestattet. Sie müssten jedoch ein extra Ticket dafür kaufen.
야, 디 프하흐앝-밑나므 이슽 그슈타틑. 지 뮈쓰튼 예도흐 아인 엑쓰트흐아 티켙 다프휘어 카우프흔

객차에서

#제 티켓 좀 봐 주시겠어요? 자리를 못 찾아서요.

Könnten Sie mal auf mein Ticket schauen? Ich finde meinen Sitz nicht.
퀸튼 지 말 아우프흐 마인 티켙 슈아운?
이히 프힌드 마이느 짙쯔 니힡

#23번 좌석이 여기 맞나요?

Ist hier der Sitz 23?
이슽 히어 데어 짙쯔 드흐아이운트쯔브안찌히?

#실례지만 좌석이 어떻게 되세요? 여기 제 자리인데요.

Entschuldigung, aber ich befürchte Sie sitzen auf meinem Platz.
엔트슐디궁, 아버 이히 브프휘어히트 지 짙쯘 아우프흐 마이늠 플랕쯔

#옆 좌석이 비어 있는 좌석인가요?

Ist neben Ihnen noch frei?
이슽 네븐 이느 노흐 프흐아이?

Kapitel 3.

#이 좌석은 이미 차 있습니다.
Tut mir leid, der Platz ist schon besetzt.
툳 미어 라잍. 데어 플랕쯔 이슫 슈온 브젵쯭

#다음 정차역이 어디죠?
Wo ist die nächste Station?
브오 이슫 디 내흐스트 슈타찌온?

#잠시 검사가 있겠습니다. 기차표와 여권을 보여 주세요.
Fahrkartenkontrolle. Ihre Fahrscheine und Ihren Pass bitte.
프하카튼콘트흐올르. 이어흐 프하슈아이느 운트 이어흔 파쓰 비트

목적지에 내리기

#이제 곧 마인츠역에 도착합니다.
Wir sind gleich in Mainz.
브이어 진트 글라이히 인 마인쯔

#다음 역이 슈투트가르트 맞나요?
Ist der nächste Halt Stuttgart?
이슫 데어 내흐스트 할트 슈툳가흩?

우리 기차는 마인츠역에 10분 후 도착합니다.

In zehn Minuten hält unser Zug in Mainz.
인 첸 미누튼 핼트 운저 쭉 인 마인쯔

다음역은 이 열차의 종착역입니다.

Der nächste Halt ist Endstation.
데어 내흐스트 할트 이슽 엔트슈타찌온

다음으로 정차할 라이프치히역이 이 열차의 종착역입니다.

Nächster Halt Leipzig Hauptbahnhof, Endstation.
내흐스터 할트 라잎찌히 하우픝반홒흐, 엔트슈타찌온

승객 여러분들은 두고 내리시는 물건이 없는지 확인하시기 바랍니다.

Bitte vergewissern Sie sich, dass Sie keine Gepäckstücke zurücklassen/vergessen.
비트 프헤어그브이썬 지 지히, 다쓰 지 카이느 그팩슈튁크 쭈흐윌라쓴/프헤어게쓴

이 역은 열차와 승강장 사이의 거리가 넓습니다. 내리실 때 주의하시기 바랍니다.
(승차장 모서리에서 조심하세요.)

Vorsicht an der Bahnsteigkante.
프호어지힡 안 데어 반슈다익칸트

Kapitel 3.

311

Schritt 5 숙박

숙박 시설 예약

\# 호텔은 예약했어?

Hast du schon ein Hotel gebucht?
하슽 두 슈온 아인 호텔 그부흩?

Hast du schon ein Zimmer gebucht?
하슽 두 슈온 아인 찜머 그부흩?

\# 아직 마음에 드는 호텔을 찾지 못했어요.

Ich habe noch kein Hotel gefunden, das mir gefällt.
이히 하브 노흐 카인 호텔 그프훈든, 다쓰 미어 그프핼트

\# 그 호텔은 가격에 비해 시설이 좋지 못해요.

Bei diesem Hotel stimmt das Preis-Leistungs-Verhältnis nicht.
바이 디즘 호텔 슈팀트 다쓰 프흐아이쓰-라이스퉁쓰-프헤어핼트니쓰 니힡

\# 베를린 중심에 있는 호텔을 찾고 있어요.

Ich suche ein Hotel im Zentrum von Berlin.
이히 주흐 아인 호텔 임 짼트흐움 프혼 베얼린

이곳으로 예약하고 싶습니다.
Dieses Zimmer würde ich gerne buchen.
디즈쓰 찜머 브위어드 이히 게어느 부흔

며칠 묵으실 겁니까?
Wie lange bleiben Sie bei uns?
브이 랑으 블라이븐 지 바이 운쓰?

다음 주에 2박입니다.
Ich werde nächste Woche für zwei Nächte hier sein.
이히 브에어드 내흐스트 브오흐 프휘어 쯔브아이 내히트 히어 자인

독일은 유스호스텔이 잘 되어 있어.
Die Jugendherbergen in Deutschland sind (ganz/recht) gut.
디 유근트헤어베어근 인 도이츄란트 진트 (간쯔/흐에힡) 굳

어떤 방을 원하십니까?
Welches Zimmer möchten Sie?
브엘히으쓰 찜머 뫼히튼 지?

욕실이 있는 싱글룸으로 부탁합니다.
Ich möchte ein Einzelzimmer mit Bad.
이히 뫼히트 아인 아인쯜찜머 믿 밭

Kapitel 3.

바다가 보이는 방으로 부탁합니다.

Ich möchte ein Zimmer mit Blick auf das Meer.
이히 뫼히트 아인 찜머 밑 블릭 아우프흐 다쓰 메어

숙박비는 얼마인가요?

Wie viel kostet das Zimmer?
브이 프힐 코스틑 다쓰 찜머?

총계 100유로입니다.

Das sind insgesamt 100 Euro.
다쓰 진ㅌ 인쓰그잠ㅌ 훈뎉 오이흐오

조식이 포함되어 있나요?

Ist das Frühstück inklusive?
이슽 다쓰 프흐위슈튁 인클루지브?

조금 더 저렴한 방이 있나요?

Gibt es vielleicht ein billigeres/günstigeres Zimmer?
깁ㅌ 에쓰 프힐라이힡 아인 빌리거흐쓰/ 귄스티거흐쓰 찜머?

오늘 밤 묵을 방이 있습니까?

Haben Sie für heute noch ein Zimmer frei?
하븐 지 프휘어 호이트 노흐 아인 찜머 프흐아이?

\# 죄송합니다,
오늘은 만실입니다.

Entschuldigung, wir sind für heute leider ausgebucht.
엔트슐디궁, 브이어 진ㅌ 프휘어 호이트 라이더 아우쓰그부흗

체크인

\# 지금 체크인할 수 있나요?

Kann ich sofort/jetzt gleich einchecken?
칸 이히 조프호엍/옐츧 글라이히 아인췤큰?

\# 체크인은 몇 시부터죠?

Ab wie viel Uhr kann man einchecken?
압 브이 프힐 우어 칸 만 아인췤큰?

\# 예약은 하셨습니까?

Haben Sie eine Reservierung?
하븐 지 아이느 흐에저브히어흐웅?

Haben Sie reserviert?
하븐 지 흐에저브히엍?

\# 예약하신 분 성함이 어떻게 되나요?

Auf wessen Namen haben Sie gebucht?
아우프흐 브에쓴 나믄 하븐 지 그부흗?

Kapitel 3.

#싱글룸을 예약한 사라입니다.

Ich habe ein Einzelzimmer auf den Namen Sahra gebucht.
이히 하브 아인 아인쯜찜머 아우프흐 덴 나믄 자흐아 그부흩

#손님 방은 307호입니다. 여기 방 열쇠입니다.

Ihre Zimmernummer ist 307. Hier ist Ihr/der Schlüssel.
이어흐 찜머눔머 이슽 드흐아이 눌 지븐. 히어 이슽 이어/데어 슐뤼쓸

#방을 바꾸고 싶습니다.

Ich möchte das Zimmer wechseln.
이히 뫼히트 다쓰 찜머 브에흐쓸ㄴ

#짐을 방까지 가져다 드리겠습니다.

Wir bringen Ihnen Ihr Gepäck auf Ihr Zimmer.
브이어 브흐잉은 이는 이어 그팩 아우프흐 이어 찜머

체크아웃

체크아웃 부탁합니다.

Auschecken bitte.
아우쓰췍큰 비트

몇 시까지 체크아웃해야 합니까?

Bis wie viel Uhr muss ich auschecken?
비쓰 브이 프힐 우어 무쓰 이히 아우쓰췍큰?

10시에 체크아웃하려고 합니다.

Ich werde um 10 Uhr auschecken.
이히 브에어드 움 첸 우어 아우쓰췍큰

이 항목은 무슨 요금입니까?

Wofür sind diese Kosten berechnet worden?
브오프휘어 진트 디즈 코스튼 브흐에히늘 브오어든?

저는 룸서비스를 시키지 않았는데요.

Ich habe keinen Zimmerservice bestellt.
이히 하브 카이는 찜머써브이쓰 브슈텔트

(계산서에) 이 부분이 잘못된 것 같은데요.

Ich glaube Ihnen ist hier ein Fehler unterlaufen.
이 글라우브 이는 이슽 히어 아인 프헬러 운터라우프흔

Kapitel 3.

#예정보다 하루
일찍 체크아웃
가능한가요?

Ich möchte einen Tag früher auschecken, ginge das?/ist das möglich?
이히 뫼히트 아이느 탁 프흐위허 아우쓰췌크픈,
깅으 다쓰?/이슽 다쓰 뫼클리히?

#하룻밤 더 묵을
수 있나요?

Ich würde gerne noch eine Nacht bleiben, ginge das?
이히 브위어드 게어느 노흐 아이느 나흩
블라이븐, 깅으 다쓰?

부대 서비스 이용

#세탁을 부탁할 수
있습니까?

Darf ich Ihnen meine Wäsche (mit)geben?
닾흐 이히 이느 마이느 브애슈 (밑)게븐?

Könnten Sie bitte meine Wäsche mitmachen?
쾬튼 지 비트 마이느 브애슈 밑마흔?

#언제쯤 되나요?

Wie lange dauert das?
브이 랑으 다우얻 다쓰?

귀중품을 보관할 수 있습니까?
Haben Sie Schließfächer für Wertgegenstände?
하븐 지 슐리쓰프해히어 프휘어 브에얼게근슈탠드?

6시에 모닝콜을 해 주세요.
Wecken Sie mich bitte um sechs Uhr.
브엑큰 지 미히 비트 움 제흐쓰 우어

제게 메시지 온 것이 있습니까?
Hat jemand eine Nachricht für mich hinterlassen?
할 예만ㅌ 아이느 나흐이힡 프휘어 미히 힌터라쓴?

방 열쇠를 보관해 주시겠어요?
Könnten Sie meinen Zimmerschlüssel aufbewahren?
퀸튼 지 마이는 찜머슐뤼쓸 아우프흐브아흔?

이 짐을 비행기 시간까지 맡아 주시겠어요?
Könnte ich mein Gepäck bis zu meinem Abflug bei Ihnen aufbewahren?
퀸트 이히 마인 그팩 비쓰 쭈 마이늠 압프흘룩 바이 이는 아우프흐브아흔?

숙박 시설 트러블

#열쇠를 방에 두고 왔습니다.
Ich habe meinen Schlüssel im Zimmer vergessen/ gelassen.
이히 하브 마이는 슐뤼쓸 임 찜머 프헤어게쓴/ 그라쓴

#제가 방에 들어갈 수 있게 도와주실 수 있나요?
Könnten Sie mir helfen in mein Zimmer rein zu kommen?
쾬튼 지 미어 헬프흔 인 마인 찜머 흐아인 쭈 콤믄?

#뜨거운 물이 나오지 않아요.
Es gibt kein heißes Wasser.
에쓰 깁트 카인 하이쓰쓰 브아써

#방이 너무 추워요. 방 온도를 높여 주실 수 있나요?
Das Zimmer ist zu kalt. Könnten Sie bitte die Heizung aufdrehen?
다쓰 찜머 이슽 쭈 칼ㅌ. 쾬튼 지 비트 디 하이쭝 아우프흐드흐에흔?

#변기가 막혔어요.
Die Toilette ist verstopft.
디 토일렡트 이슽 프헤어슈톺흩

#방이 청소되어 있지 않아요.
Das Zimmer wurde nicht aufgeräumt.
다쓰 찜머 브우어드 니힡 아우프흐그흐오임ㅌ

#옆방이 너무 시끄러워요.
Die Gäste im Nebenzimmer sind zu laut.
디 개스트 임 네븐찜머 진ㅌ 쭈 라욷

#추가로 침대를 놔 줄 수 있나요?
Könnten Sie ein zusätzliches Bett unterbringen?
쾬튼 지 아인 쭈잷쯜리히으쓰 뱉 운터브흐잉은?

Kapitel 3.

Schritt 6 관광

관광 안내소

관광 안내소는 어디에 있나요?
Entschuldigung, wo ist die Touristen Info?
엔트슐디궁, 브오 이슽 디 투흐이스튼 인프호?

관광 안내 지도 한 장 받을 수 있을까요?
Könnte ich einen Stadtplan haben/bekommen?
퀸트 이히 아이는 슈탙플란 하븐/브콤믄?

이 도시의 관광 안내서를 주시겠어요?
Haben Sie Broschüren über Sehenswürdigkeiten in dieser Stadt?
하븐 지 브흐오슈위흔 위버 제흔쓰브위어디히카이튼 인 디저 슈탙?

부근에 가 볼 만한 명소를 추천해 주시겠어요?
Können Sie mir Sehenswürdigkeiten hier in der Nähe empfehlen?
쾬는 지 미어 제흔쓰브위어디히카이튼 히어 인 데어 내흐 엠프헬른?

322

값싸고 괜찮은 호텔 하나 추천해 주시겠어요?

Können Sie mir ein günstiges aber gutes Hotel empfehlen?
쾬는 지 미어 아인 귄스티그쓰 아버 구트쓰 호텔 엠프헬른?

약도를 좀 그려 주시겠어요?

Könnten Sie mir den Weg bitte aufzeichnen?
쾬튼 지 미어 덴 브엑 비트 아우프흐짜이히는?

이곳에서 열리는 지역 축제에 대해 알고 싶어요.

Ich hätte gerne Informationen über eventuelle Feste/Feierlichkeiten hier.
이히 햍트 게어느 인프호어마찌오는 위버 에브엔투엘르 프헤스트/프하이얼리히카이튼 히어

투어

투어 프로그램에는 어떤 것이 있나요?

Was bieten Sie hier für Touren an?
브아쓰 비튼 지 히어 프휘어 투어흔 안?

몇 시에 어디에서 출발합니까?
Wann und wo beginnt die Tour?
브안 운트 브오 브긴트 디 투어?

몇 시간이나 걸리나요?
Wie lange dauert die Rundfahrt?
브이 랑으 다우얼 디 흐운트프핱?

몇 시에 돌아올 수 있나요?
Um wie viel Uhr kommen wir zurück?
움 브이 프힐 우어 콤므 브이어 쭈흐윅?

요금은 1인당 얼마인가요?
Wie viel kostet die Rundfahrt pro Person?
브이 프힐 코스틑 디 흐운트프핱 프흐오 페어존?

가이드가 있나요?
Kommt ein Reiseführer/ Guide mit?
콤트 아인 흐아이즈프휘어허/가이드 밑?

자유 시간이 있나요?
Gibt es auch Pausen?
깁트 에쓰 아우흐 파우즌?

내일 아침 10시까지 역 앞으로 모이시기 바랍니다.
Wir treffen uns morgen um zehn Uhr vor dem Bahnhof.
브이어 트흐에프흔 운쓰 모어근 움 첸 우어 프흐오어 뎀 반홒흐

입장권을 살 때

티켓은 어디서 살 수 있나요?

Wo kann ich Tickets kaufen?
브오 칸 이히 티켙츠 카우프흔?

입장료는 얼마인가요?

Wie viel kostet die Eintrittskarte?
브이 프힐 코스틑 디 아인트힡츠카트?

1시 공연의 좌석이 있나요?

Gibt es noch ein Ticket/ Gibt es noch Tickets für die Aufführung um 13 Uhr?
깊ㅌ 에쓰 노흐 아인 티켙/깊ㅌ 에쓰 노흐 티켙츠 프휘어 디 아우프흐프휘어흐웅 움 드흐아이첸 우어?

학생 할인이 되나요?

Gibt es einen Studentenpreis/ Studentenrabatt?
깊ㅌ 에쓰 아이는 슈투덴튼프흐아이쓰/ 슈투덴튼흐아밭?

\# 학생증을
가지고 있으시면
가능합니다.

Ja, haben Sie Ihren Studentenausweis dabei?
야, 하븐 지 이어흔 슈투덴튼아우쓰브아이쓰 다바이?

\# 단체 할인 요금을
적용받으려면 몇
명이 필요한가요?

Ab wie viel Personen gilt der Gruppenrabatt?
압 브이 프힐 페어조넨 길트 데어 그흐웊픈흐아밭?

\# 20명 이상의
단체는 20%
할인을 받을 수
있습니다.

Wenn Sie mehr als zwanzig Personen sind, bekommen Sie zwanzig Prozent Rabatt.
브엔 지 메어 알쓰 쯔브안찌히 페어조넨 진트, 브콤믄 지 쯔브안찌히 프흐오쩬트 흐아밭

\# 몇 시부터 입장
가능한가요?

Ab wann ist Einlass?
압 브안 이슽 아인라쓰?

축구 관람 시

#축구 관람 티켓은 어디서 살 수 있나요?
Wo kann ich die Eintrittskarte/das Ticket für das Fußballspiel kaufen?
브오 칸 이히 디 아인트힡츠카트/다쓰 티켙 프휘어 다쓰 프후쓰발슈필 카우프흔?

#오늘 축구 경기가 있나요?
Gibt es heute ein Fußballspiel?
깁트 에쓰 호이트 아인 프후쓰발슈필?

#어떤 팀들이 경기를 하나요?
Wer spielt?
브에어 슈필트?
Wer spielt gegen wen?
브에어 슈필트 게근 브엔?

#오늘 경기 입장이 가능한가요?
Kann man für das heutige Spiel noch Tickets kaufen?
칸 만 프휘어 다쓰 호이티그 슈필 노흐 티켙츠 카우프흔?
Gibt es für das heutige Spiel noch Tickets?
깁트 에쓰 프휘어 다쓰 호이티그 슈필 노흐 티켙츠?

2장 연석 티켓을 사고 싶습니다.
Ich hätte gern zwei Plätze nebeneinander.
이히 헬트 게언 쯔브아이 플랱쯔 네븐아인안더

어느 팀을 응원하세요?
Für welche Mannschaft sind Sie?
프휘어 브엘히으 만슈아플 진트 지?

오늘 누가 이길 것 같아?
Was glauben Sie, welche Mannschaft/wer gewinnt?
브아쓰 글라우븐 지, 브엘히으 만슈아플/ 브에어 그브인트?

관람

정말 아름다운 곳이네요!
Es ist wirklich wunderschön hier!
에쓰 이슽 브이어클리히 브운더슈왼 히어!

몇 시까지 열려 있나요?
Bis wann haben Sie auf?
비쓰 브안 하븐 지 아우프흐?

몇 시에 닫나요?
Wann machen Sie zu?
브안 마흔 지 쭈?

이 시설은 7세 미만의 어린이만 이용 가능합니다.
Das ist nur für Kinder unter sieben Jahren.
다쓰 이슽 누어 프휘어 킨더 운터 지븐 야흔

기념품 가게는 어디 있나요?
Wo ist der Geschenkartikelladen/ Souvenirladen?
브오 이슽 데어 그슈엔ㅋ아티클라든/ 주브니어라든?

출구는 어디인가요?
Wo ist der Ausgang?
브어 이슽 데어 아우쓰강?

사진 찍어도 되나요?
Darf man hier fotografieren?
닾흐 만 히어 프호토그하프히어흔?

왼쪽에 보이는 성이 디즈니 성의 모티브가 된 노이슈반슈타인입니다.
Das Schloss auf der linken Seite ist Schloss Neuschwanstein, das Vorbild für das Motiv von Disney.
다쓰 슐로쓰 아우프흐 데어 링큰 자이트 이슽 슐로쓰 노이슈브안슈타인, 다쓰 프호어빌ㅌ 프휘어 다쓰 모티프흐 포혼 디즈니

길 묻기

\# 쾰른 대성당으로 가려면 어느 쪽으로 가야 하나요?

Wo muss ich lang, um zum Kölner Dom zu kommen?
브오 무쓰 이히 랑, 움 쭘 쾰르너 돔 쭈 콤믄?

\# 여기에서 박물관까지 얼마나 멉니까?

Wie weit ist es von hier bis zum Museum?
브이 브아일 이슽 에쓰 프혼 히어 비쓰 쭘 무제움?

\# 여기에서 걸어서 20분 정도 걸릴 거예요.

Circa 20 Minuten zu Fuß.
찌어카 쯔브안찌히 미누튼 쭈 프후쓰

\# 좀 먼데요. 버스를 타는 것이 나을 거예요.

Das ist noch ein gutes Stück. Sie nehmen Besser den Bus.
다쓰 이슽 노흐 아인 구트쓰 슈튁. 지 네믄 베써 덴 부쓰

\# 크리스마스마켓을 가려면 어떻게 해야 하나요?

Wie komme ich zum Weihnachtsmarkt?
브이 콤므 이히 쭘 브아이나흩츠마킅?

#곧장 가서
두 번째 신호에서
우회전하세요.

Geradeaus und bei der zweiten Ampel rechts.
그흐아드아우쓰 운트 바이 데어 쯔바이튼 암플 흐에힡츠

#저기 하얀색
건물 보이시죠?
그 앞 광장에서
진행돼요.

Sehen Sie das weiße Gebäude da/dort drüben? Davor findet der Weihnachtsmarkt statt.
제흔 지 다쓰 브아이쓰 그보이드 다/도엍 드휘븐? 다프호어 프힌들 데어 브아이나흩츠마클 슈탙

#기차역 가려면
이 길이 맞습니까?

Geht es hier (entlang) zum Bahnhof?
겥 에쓰 히어 (엔트랑) 쭘 반홒흐?

#구시가는
어느 역에서
가깝죠?

Welche Station liegt am nächsten zur Altstadt?
브엘히으 슈타찌온 리클 암 내흐스튼 쭈어 알트슈탙?

#여기서
몇 정거장을
가야 하나요?

Wie viele Stationen muss ich von hier aus fahren?
브이 프힐르 슈타찌오는 무쓰 이히 프혼 히어 아우쓰 프하흔?

Kapitel 3.

여기가 무슨 거리죠?

Wie heißt die Straße hier?
브이 하이쓷 디 슈트흐아쓰 히어?

Was ist das für eine Straße hier?
브아쓰 이슽 다쓰 프휘어 아이느 슈트흐아쓰 히어?

죄송하지만 저도 이곳은 처음이에요.

Entschludigung, ich bin auch neu hier.
엔트슐디궁, 이히 빈 아우흐 노이 히어

저랑 같은 방향이시네요. 그냥 저를 따라오세요.

Ich gehe in die gleiche Richtung wie Sie. Folgen Sie mir nur/Sie können mit mir Laufen.
이히 게흐 인 디 글아이히으 흐이히퉁 브이 지. 프홀근 지 미어 누어/지 쾬는 밑 미어 라우프흔

다음 사거리에서 좌회전하세요.

Biegen Sie bei der nächsten Kreuzung links ab.
비근 지 바이 데어 내흐스튼 크흐오이쭝 링크쓰 압

Schritt 7 교통

기차

MP3. K03_S07

#유레일 패스 사용 가능한가요?
Kann man den Eurail Pass hier benutzen?
칸 만 덴 유뢰일 파쓰 히어 브눝쯘?

#독일에서 프라하까지 가는 직행열차가 있나요?
Gibt es einen direkten Zug von Deutschland nach Prag?
깁트 에쓰 아이는 디흐엑튼 쭉 프혼 도이츄란트 나흐 프흐악?

#열차의 배차 간격은 어떻게 되나요?
Wie oft fährt/kommt der Zug?
브이 오플 프해엍/콤트 데어 쭉?

#30분 간격으로 다닙니다.
Jede halbe Stunde (fährt er).
예드 할브 슈툰드 (프해엍 에어)

#뮌헨행 열차는 몇 시에 출발하나요?
Wann fährt der Zug nach München ab?
브안 프해엍 데어 쭉 나흐 뮌히은 압?

빈으로 가는 침대칸 한 장 주세요. 윗층으로 부탁합니다.

Ich möchte ein Ticket für den Schlafwagen nach Wien. Für oben bitte.
이히 뫼히트 아인 티켙 프휘어 덴 슐라프흐브아근 나흐 브인. 프휘어 오븐 비트

프라하행 야간열차는 몇 번 플랫폼에서 출발하나요?

Auf welchem Gleis fährt der Nachtzug nach Prag ab?
아우프흐 브엘히음 글라이쓰 프해얼 데어 나흘쭉 나흐 프흐알 압?

지하철

지하철표는 어디서 사나요?

Wo kann man U-Bahn Tickets kaufen?
브오 칸 만 우-반 티켙츠 카우프흔?

지하철 노선도를 받을 수 있을까요?

Könnte ich einen U-Bahn-Plan bekommen/haben?
쾬트 이히 아이는 우-반-플란 브콤믄/하븐?

어디서 갈아타야 하나요?

Wo muss ich umsteigen?
브오 무쓰 이히 움슈타이근?

U7으로
갈아타셔야 합니다.

Sie müssen in die U7 umsteigen.
지 뮈쓴 인 디 우지븐 움슈타이근

한 달간 사용 가능한 티켓의 요금은 얼마입니까?

Wie viel kostet eine Monatskarte?
브이 필 코스튿 아이느 모낱츠카트?

시청으로 나가는 출구가 어디인가요?

Welchen Ausgang muss ich nehmen, um zum Rathaus zu kommen?
브엘히은 아우쓰강 무쓰 이히 네믄, 움 쭘 흐알하우쓰 쭈 콤믄?

버스

가까운 버스 정류장은 어디인가요?

Wo ist die nächste Bushaltestelle?
브오 이슽 디 내흐스트 부쓰할트슈텔르?

이 버스가 공항으로 가나요?

Fährt dieser Bus zum Flughafen?
프해엍 디저 부쓰 쭘 프흘룩하프흔?

어디에서 내려야 하는지 알려 주시겠어요?

Können Sie mir sagen, wo ich aussteigen muss?
쾬는 지 미어 자근, 브오 이히 아우쓰슈타이근 무쓰?

버스가 끊겼어요.

Sie haben den letzten Bus verpasst.
지 하븐 덴 렡쯔튼 부쓰 프헤어파쓷

Der Bus fährt nicht mehr.
데어 부쓰 프해얻 니힡 메어

이 자리 비어 있습니까?

Ist hier frei?
이슫 히어 프흐아이?

Darf ich mich neben Sie setzen?
닾흐 이히 미히 네븐 지 젤쯘?

여기에서 내리겠습니다.

Ich steige hier aus.
이히 슈타이그 히어 아우쓰

몇 번 버스를 타야 하나요?

Welchen Bus muss ich nehmen?
브엘히은 부쓰 무쓰 이히 네믄?

\# 다음 정류장이
종점이에요.

An der nächsten Haltestelle ist Endstation.
안 데어 내흐스튼 할트슈텔르 이슽 엔트슈타찌온

택시

\# 택시를 불러
주시겠어요?

Könnten Sie mir ein Taxi bestellen?
쾬튼 지 미어 아인 탁씨 브슈텔른?

\# 어디로 가십니까?

Wohin?
브오힌?

Wohin geht es?
브오힌 겥 에쓰?

Wohin möchten Sie?
브오힌 뫼히튼 지?

\# 이 주소로
가 주세요.

Fahren Sie bitte zu dieser Adresse.
프하흔 지 비트 쭈 디저 아드흐에쓰

빨리 가 주시겠어요? 늦어서요.
Könnten Sie ein bisschen schneller fahren? Ich bin nämlich spät dran./
Ich habe es leider eilig.
퀸튼 지 아인 비쓰히은 슈넬러 프하흔? 이히 빈 내믈리히 슈퍁 드흐안/이히 하브 에쓰 라이더 아일리히

저 사거리에 내려 주세요.
Lassen Sie mich dort an der Kreuzung bitte raus.
라쓴 지 미히 도엍 안 데어 크흐오이쭝 비트 흐아우쓰

다 왔습니다.
Wir sind da.
브이어 진ㅌ 다

Wir sind angekommen.
브이어 진ㅌ 안그콤믄

잔돈은 됐습니다.
Stimmt so.
슈팀ㅌ 조

Der Rest ist für Sie.
데어 흐에슽 이슽 프휘어 지

선박

오전 중에 배편이 있나요?
Gibt es vormittags ein Schiff, das ich nehmen könnte?
깁ㅌ 에쓰 프호어밑탁쓰 아인 슈이프흐, 다쓰 이히 네믄 퀸트?

1등칸으로 한 장 주세요.

Erste Klasse bitte.
에어스트 클라쓰 비트

Eine Fahrkarte für die erste Klasse bitte.
아이느 프하카트 프휘어 디 에어스트 클라쓰 비트

저는 배를 탈 때마다 뱃멀미를 해요.

Ich werde seekrank auf Schiffen.
이히 브에어드 제크흐앙크 아우프흐 슈이프흔

Ich leide an Seekrankheit.
이히 라이드 안 제크흐앙크하잍

다음 기항지는 어디입니까?

Wo ist der nächste Hafen/Anlaufhafen?
브오 이슽 데어 내흐스트 하프흔/안라우프흐하프흔?

이제 곧 입항합니다.

Gleich fahren wir im Hafen ein.
글라이히 프하흔 브이어 임 하프흔 아인

모든 승객은 배에 탑승해 주시기 바랍니다.

Alle Passagiere an Bord bitte.
알르 파싸쥐어흐 안 보얻 비트

Kapitel 4
어디서든 당당하게!

음식점, 시장, 가게, 병원, 은행, 영화관 등에서
필요한 표현들이 정리가 안 된다고요?
장소별로 모아 둔 표현들을
제대로 찾아서 제대로 말해 볼까요!
어떤 곳에 가든 이젠 자신감 충만!

Schritt 1	음식점	Schritt 5	병원 & 약국
Schritt 2	시장	Schritt 6	은행 & 우체국
Schritt 3	대형 마트 & 슈퍼마켓	Schritt 7	미용실
Schritt 4	옷 가게	Schritt 8	영화관 & 공연장

Words

☐ **das Restaurant /-s**
다쓰 흐에스토흐앙 / 디 흐에스토흐앙쓰
n. 음식점, 레스토랑

☐ **das Café /-s**
다쓰 카프헤 / 디 카프헤쓰
n. 카페, 커피숍

☐ **das Geschäft /-e**
다쓰 그슈애픁 / 디 그슈애프흐트
n. 상점; 일

☐ **der Markt /¨e**
데어 마클 / 디 매어크트
n. 시장

☐ **der Supermarkt /¨e**
데어 주퍼마클 / 디 주퍼매어크트
n. 슈퍼마켓, 마트

☐ **das Kaufhaus /¨er**
다쓰 카우프흐하우쓰 /
디 카우프흐호이저
n. 백화점

☐ **kaufen** 카우프흔
v. 사다, 구입하다

☐ **verkaufen** 프헤어카우프흔
v. 팔다

☐ das Krankenhaus /¨er
다쓰 크흐앙큰하우쓰 / 디 크흐앙큰호이저
n. 병원; 종합 병원

☐ die Apotheke /-n
디 아포테크 / 디 아포테큰
n. 약국

☐ die Bank /-en
디 방ㅋ / 디 방큰
n. 은행

☐ der Wechselkurs /-e
데어 브에흐즐쿠어쓰 /
디 브에흐즐쿠어즈
n. 환율

☐ die Kreditkarte /-n
디 크흐에딭카트 / 디 크흐에딭카튼
n. 신용카드

☐ der Friseursalon /-s
데어 프흐이죄어잘롱 /
디 프흐이죄어잘롱쓰
n. 미용실

☐ das Kino /-s
다쓰 키노 / 디 키노쓰
n. 영화관; 영화

☐ das Theater /-
다쓰 테아터 / 디 테아터
n. 연극; 극장; 무대

Kapitel 4.

Schritt 1 음식점

음식점 추천

\# 이 근처에 추천해 줄 만한 음식점이 있니?

Gibt es hier ein Restaurant, das du mir empfehlen kannst?
깁트 에쓰 히어 아인 흐에스토흐앙, 다쓰 두 미어 엠프헬른 칸슽?

\# 좋은 식당 아세요?

Kennen Sie ein gutes Restaurant?
켄는 지 아인 구트쓰 흐에스토흐앙?

\# 이 시간에 문을 연 가게가 있습니까?

Gibt es hier ein Restaurant, das um diese Zeit noch offen hat?
깁트 에쓰 히어 아인 흐에스토흐앙, 다쓰 움 디즈 짜잍 노흐 오프흔 핱?

\# 조용히 식사할 수 있는 곳이면 좋겠어요.

Ein ruhiges Restaurant wäre schön.
아인 흐우이그쓰 흐에스토흐앙 브애어흐 슈왼

식당이 많은 거리는 어디인가요?
Wo ist die Straße mit den ganzen/vielen Restaurants?
브오 이슽 디 슈트흐아쓰 밑 덴 간쯘/프힐른 흐에스토흐앙쓰?

특별히 정해 둔 식당이라도 있니?
Hast du schon eine Idee, wo wir essen gehen sollen?
하슽 두 슈온 아이느 이데, 브오 브이어 에쓴 게흔 졸른?

어떤 종류의 음식을 원하시나요?
Auf was haben Sie Lust?
아우프흐 브아쓰 하븐 지 루슽?

채식주의자가 갈 만한 음식점이 있나요?
Gibt es ein Restaurant für Vegetarier?
깁트 에쓰 아인 흐에스토흐앙 프휘어 브에게타흐이어?

음식점 예약

그 레스토랑으로 예약해 주세요.
Bitte reservieren Sie mir einen Tisch im Restaurant.
비트 흐에저브이어흔 지 미어 아이는 티슈 임 흐에스토흐앙

그 레스토랑에 2명을 위한 자리 예약 좀 해주시겠어요?

Können Sie mir einen Tisch für 2 Personen im Restaurant reservieren?
쾬는 지 미어 아이는 티슈 프휘어 쯔브아이 페어조는 임 흐에스토흐앙 흐에저브이어흔?

오늘 저녁 7시 예약하고 싶은데요.

Ich möchte einen Tisch auf/für 19 Uhr reservieren.
이히 뫼히트 아이는 티슈 아우프흐/프휘어 노인첸 우어 프에저브이어흔

예약을 변경할 수 있나요?

Könnte ich die Reservierung ändern?
쾬트 이히 디 흐에저브이어흐웅 앤던?

예약을 취소해 주세요.

Ich möchte die Reservierung stornieren/rückgängig machen.
이히 뫼히트 디 흐에저브이어흐웅 슈토어니어흔/흐윅갱이히 마흔

어떤 이름으로 예약하셨죠?

Auf welchen Namen haben Sie reserviert?
아우프흐 브엘히은 나믄 하븐 지 흐에저브이얼?

제 이름으로
예약했습니다.

Es ist auf meinen Namen reserviert.
에쓰 이슽 아우프흐 마이느 나믄 흐에저브이얼

예약 없이 갔을 때

두 명 자리
있나요?

Haben Sie noch einen Tisch für zwei (Personen)?
하븐 지 노흐 아이는 티슈 프휘어 쯔브아이
(페어조는)?

아직 식사
가능한가요?

Kann man hier etwas zu essen bestellen?
칸 만 히어 엩브아쓰 쭈 에쓴 브슈텔른?

여기 지금
영업하나요?

Haben Sie noch offen?
하븐 지 노흐 오프흔?

몇 분이신가요?

Wie viele sind Sie?
브이 프힐르 진ㅌ 지?

안쪽과 테라스
중 어느 자리로
드릴까요?

Möchten Sie drinnen oder draußen sitzen?
뫼히튼 지 드흐인는 오더 드흐아우쓴 짙쯘?

Kapitel 4.

347

\# 죄송하지만
지금은 자리가
다 찼습니다.

Tut mir leid, aber es ist
nichts mehr frei.
툴 미어 라일, 아버 에쓰 이슽 니힡츠 메어
프흐아이

\# 얼마나
기다려야 하나요?

Wie lange müssen wir
warten?
브이 랑으 뮈쓴 브이어 브아튼?

\# 30분 정도
기다리셔야 합니다.
기다리시겠어요?

Ungefähr eine halbe Stunde
müssten Sie warten.
Wollen/Möchten Sie
warten?
운그프해어 아이느 할브 슈툰드 뮈쓰튼 지
브아튼. 브올른/뫼히튼 지 브아튼?

메뉴 보기

\# 메뉴 좀 볼 수
있을까요?

Die Speisekarte bitte.
디 슈파이즈카트 비트

Könnten wir die Speisekarte
bekommen?
쾬튼 브이어 디 슈파이즈카트 브콤믄?

오늘의 메뉴는 무엇인가요?

Was ist das/Ihr Tagesmenü?
브아쓰 이슽 다쓰/이어 타그쓰메뉘?

Was bieten Sie zum Tagesmenü an?
브아쓰 브이튼 지 쭘 타그쓰메뉘 안?

주문은 잠시 후에 하겠습니다.
(아직 시간이 조금 더 필요합니다.)

Wir brauchen noch einen Moment.
브이어 브흐아우흔 노흐 아이는 모멘트

Einen Moment noch bitte.
아이는 모멘트 노흐 비트

조금 있다가 다시 와 주세요.

Kommen Sie bitte gleich nochmal wieder.
콤믄 지 비트 글라이히 노흐말 브이더

이 샐러드는 주재료가 무엇인가요?

Was ist (alles) in diesem Salat?
브아스 이슽 (알르쓰) 인 디즘 잘랕?

이곳의 특선 요리는 무엇인가요?

Was können Sie uns empfehlen?
브아쓰 쾬는 지 운쓰 엠프헬른?

Kapitel 4.

\# 여기 슈니쩰이 맛있습니다.

Unser Wiener Schnitzel ist sehr gut.
운저 브이너 슈닡쯸 이슫 제어 굳

주문하기 - 음료

\# 음료는 무엇으로 하시겠어요?

Was möchten Sie Trinken?
브아쓰 뫼히튼 지 트흐잉큰?

\# 물 한 병 주세요.

Ein stilles Wasser bitte.
아인 슈틸르쓰 브아써 비트

Ein Glas Wasser ohne Kohlensäure bitte. (탄산을 뺀)
아인 글라쓰 브아써 오느 콜른조이흐 비트

\# 사과 주스 부탁해요.

Einen Apfelsaft bitte.
아이는 아프흘자픋 비트

\# 와인 리스트를 볼 수 있을까요?

Könnte ich die Weinkarte haben bitte?
쾬트 이히 디 브아인카트 하븐 비트?

여기 어울리는 와인 추천해 주시겠어요?

Was für einen Wein würden Sie uns dazu empfehlen?
브아쓰 프휘어 아이는 브아인 브위어든 지 운쓰 다쭈 엠프헬른?

먼저 음료를 주문할게요.

Wir bestellen erstmal die Getränke.
브이어 브슈텔른 에어슽말 디 그트흐앵크

에스프레소는 식사 후에 갖다 주세요.

Nach dem Essen bitte noch einen Espresso.
나흐 뎀 에쓴 비트 노흐 아이는 에쓰프흐에쏘

주문하기 - 메인 요리

주문하시겠어요?

Was darf es sein?
브아쓰 닾흐 에쓰 자인?

Was möchten Sie bestellen?
브아쓰 뫼히튼 지 브슈텔른?

Bitte schön?
비트 슈왼?

Kann ich Ihre Bestellung aufnehmen?
칸 이히 이어흐 브슈텔룽 아우프흐네믄?

Kapitel 4.

저 사람이 먹고 있는 것은 무엇입니까?
Was ist das, was die Leute dort/da drüben essen?
브아쓰 이슽 다쓰, 브아쓰 디 로이트 도엍/다 드흐위븐 에쓴?

등심 스테이크 하나와 연어구이 둘 주세요.
Ein Steak und zwei Lachsbraten bitte.
아인 스테이크 운ㅌ 쯔브아이 라흐쓰브흐아튼 비트

스테이크는 어떻게 해 드릴까요?
Wie möchten Sie das Steak haben?
브이 뫼히튼 지 다쓰 스테이크 하븐?

미디엄 레어로 해 주세요.
Medium-rare bitte.
미디움-래어 비트

(사이드 메뉴로) 샐러드나 구운 감자 중 어떤 걸로 드릴까요?
Dazu gibt es Salat oder gebratene Kartoffeln. Was möchten Sie?
다쭈 깁ㅌ 에쓰 살랕 오더 그브흐아트느 카흐토프흘ㄴ. 브아쓰 뫼히튼 지?

더 필요하신 것은 없습니까?
Sonst noch was?
존슽 노흐 브아쓰?
Das war's?
다쓰 브아쓰?

352

주문하기 - 선택 사항

\# 수프나 샐러드가 함께 나오는데 어느 것으로 드릴까요?

Wollen Sie Suppe oder Salat dazu?
브올른 지 줖프 오더 잘랕 다쭈?

\# 오늘은 양파 수프가 있습니다. 주문하시겠어요?

Wir haben heute eine frische Zwiebelsuppe im Angebot.
Möchten Sie das bestellen?
브이어 하븐 호이트 아이느 프흐이슈 쯔브이블줖프 임 안그볼.
뫼히튼 지 다쓰 브슈텔른?

\# 양파 수프로 주시고, 후추는 빼 주세요.

Ja, ich nehme die Zwiebelsuppe, aber bitte ohne Pfeffer.
야, 이히 네므 디 쯔브이블줖프, 아버 비트 오느 프헤프허

\# 디저트는 식사 후에 주문할게요.

Den Nachtisch bestellen wir nachher/später.
덴 나흐티슈 브슈텔른 브이어 나흐헤어/슈패터

차나 커피 중에 어떤 걸로 드릴까요?
Möchten Sie Kaffee oder Tee?
뫼히튼 지 카프헤 오더 테?

드레싱은 어느 걸로 하시겠어요?
Was für eine Soße möchten Sie?
브아쓰 프휘어 아이느 조쓰 뫼히튼 지?

드레싱에는 어떤 게 있나요?
Welche Soßen gibt es denn?
브엘히으 조쓴 깁ㅌ 에쓰 덴?

예거 소스로 주세요.
Ich nehme die Jägersoße.
이히 네므 디 예거조쓰

주문하기 - 디저트

디저트는 괜찮습니다.
(안 먹겠습니다.)
Für mich keinen Nachtisch.
프휘어 미히 카이느 나흐티슈
Ich nehme keinen Nachtisch.
이히 네므 카이느 나흐티슈

디저트를 주문하시겠습니까?

Was darf ich Ihnen als/zum Nachtisch bringen?
브아쓰 닾흐 이히 이는 알쓰/쭘 나흐티슈 브흐잉은?

디저트로는 무엇이 있습니까?

Was gibt es als/zum Nachtisch?
브아쓰 깊ㅌ 에쓰 알쓰/쭘 나흐티슈?

디저트 메뉴판을 볼 수 있을까요?

Könnten wir bitte die Dessertkarte haben?
쾬튼 브이어 비트 디 데쎄어카트 하븐?

저는 아이스크림으로 할게요.

Ich nehme ein Eis.
이히 네므 아인 아이쓰

Für mich ein Eis.
프휘어 미히 아인 아이쓰

아이스크림은 어떤 맛이 있나요?

Welche Sorten Eis haben Sie?
브엘히으 조어튼 아이쓰 하븐 지?

저희 집은 수제 티라미수가 유명합니다.

Bei uns ist das selbstgemachte Tiramisu sehr beliebt.
바이 운쓰 이슽 다쓰 젤ㅍ슫그마흐ㅌ 티흐아미수 제어 브맆ㅌ

Kapitel 4.

\# 저는 녹차 한 잔 주세요.

Einen grünen Tee bitte.
아이는 그흐위는 테 비트

Eine Tasse grüne Tee für mich bitte.
아이느 타쓰 그흐위느 테 프휘어 미히 비트

주문하기 - 요청 사항

\# 너무 짜지 않게 해 주세요.

Bitte (mit) wenig Salz.
비트 (밑) 브에니히 잘쯔

\# 너무 맵지 않게 해 주세요.

Nicht so scharf bitte.
니힡 조 슈아프흐 비트

\# 빵을 좀 더 주시겠어요?

Könnte ich noch etwas Brot bekommen?
쾬트 이히 노흐 엩브아쓰 브흐옽 브콤믄?

\# 아이를 위한 별도의 메뉴가 있나요?

Haben Sie auch Kindergerichte?
하븐 지 아우흐 킨더그흐이히트?

#고기가 덜 익었어요. 조금 더 익혀 주시겠어요?
Das Fleisch ist mir noch etwas zu blutig/roh. Könnten Sie es nochmal ein bisschen anbraten?
다쓰 프흘라이슈 이슽 미어 노흐 엩브아쓰 쭈 블루티히/흐오. 쾬튼 지 에쓰 노흐말 아인 비쓰히은 안브흐아튼?

#이건 제가 주문한 음식이 아니에요.
Das habe ich nicht bestellt.
다쓰 하브 이히 니힡 브슈텔트

#양파는 빼고 주세요.
Ohne Zwiebeln bitte.
오느 쯔브이블ㄴ 비트

#주문을 변경할 수 있나요?
Könnte ich nochmal umbestellen?
쾬트 이히 노흐말 움브슈텔른?

웨이터와 대화

#이 음식은 무슨 재료를 사용한 겁니까?
Was ist hier alles drin?
브아쓰 이슽 히어 알르쓰 드흐인?

#어떻게
요리한 겁니까?

Wie wurde das zubereitet?
브이 브우어드 다쓰 쭈브흐아이틑?

#포크를
떨어뜨렸습니다.
하나 새로
가져다주시겠어요?

Mir ist meine Gabel runtergefallen. Würden Sie mir eine neue bringen?
미어 이슽 마이느 가블 흐운터그프할른. 브위어든 지 미어 아이느 노이으 브흐잉은?

#식탁 좀 치워
주시겠어요?

Würden Sie bitte den Tisch abräumen?
브위어든 지 비트 덴 티슈 압흐오이믄?

#물을 쏟았어요.
행주 좀
가져다주시겠어요?

Mir ist das Glas umgefallen. Hätten Sie einen Lappen (für mich)?
미어 이슽 다쓰 글라쓰 움그프할른. 헽튼 지 아이는 랖픈 (프휘어 미히)?

#음식이 너무 안 나오는데 얼마나 더 기다려야 하나요?

Entschuldigen Sie, wir warten immer noch auf unser Essen.
Wissen Sie wie lange wir noch warten müssen?
엔트슐디근 지, 브이어 브아튼 임머 노흐 아우프흐 운저 에쓴.
브이쓴 지 브이 랑으 브이어 노흐 브아튼 뮈쓴?

#제 겁니다.

Das ist für mich.
다쓰 이슽 프휘어 미히
Das ist meins.
다쓰 이슽 마인쓰

음식 맛 평가

#오늘 음식 맛 어떠셨나요?

Hat es Ihnen geschmeckt?
핱 에스 이는 그슈메킅?
Wie hat es Ihnen geschmeckt?
브이 핱 에스 이는 그슈메킅?

359

정말 맛있었어요!

Sehr fein, vielen Dank!
제어 프하인, 프힐른 당크!

Sehr lecker, danke!
제어 렉커, 당크!

Es hat gut geschmeckt!
에쓰 핱 궅 그슈메킅!

이렇게 맛있는 음식은 처음이에요!

Ich habe noch nie so etwas Leckeres gegessen!
이히 하브 노흐 니 조 엩브아쓰 렉커흐쓰 그게쓴!

Es war das beste Essen, das ich je gegessen habe!
에쓰 브아 다쓰 베스트 에쓴, 다쓰 이히 예 그게쓴 하브!

생선이 좀 짜네요.

Der Fisch war etwas zu salzig.
데어 프히슈 브아 엩브아쓰 쭈 잘찌히

그에게 이 디저트는 너무 달아요.

Der Nachtisch ist ihm etwas zu süβ.
데어 나흐티슈 이슽 임 엩브아쓰 쭈 쥐쓰

좀 기름진 것 같아요.

Es ist ein bisschen ölig.
에쓰 이슽 아인 비쓰히은 욀리히

\# 이건 아무 맛도 안 나요.

Das Essen hat etwas fade/langweilig geschmeckt.
다쓰 에쓴 핱 엩브아쓰 프하드/랑브아이리히 그슈메클트

계산

\# 계산 부탁합니다.

Ich würde gerne zahlen bitte.
이히 브위어드 게어느 짤른 비트

Ich möchte zahlen bitte.
이히 뫼히트 짤른 비트

Zahlen bitte.
짤른 비트

\# 계산서 주세요.

Die Rechnung bitte.
디 흐에히눙 비트

\# 나머지는 팁이에요.

Stimmt so.
슈팀트 조

Der Rest ist für Sie.
데어 흐에슽 이슽 프휘어 지

\# 30유로로 맞춰 주세요.

Machen Sie 30 Euro (daraus).
마흔 지 드흐아이씨히 오이흐오 (다흐아우쓰)

전부 합쳐 62유로입니다.
Das macht zusammen 62 Euro.
다쓰 마흐 쭈잠믄 쯔브아이운ㅌ제히찌히 오이흐오

카드 결제 가능한가요?
Kann man mit Karte zahlen?
칸 만 밑 카트 짤른?

각자 나눠서 계산할게요.
Wir zahlen getrennt.
브이어 짤른 그트흐엔ㅌ

제가 살게요.
Das geht auf mich.
다쓰 겔 아우프흐 미히
Ich zahle.
이히 짤르

저녁 식사는 내가 살게요.
Ich bezahle das Abendessen.
이히 브짤르 다쓰 아븐ㅌ에쓴

카페

커피 한 잔 할래요?
Möchten Sie eine Tasse Kaffee trinken?
뫼히튼 지 아이느 타쓰 카프헤 트흐잉큰?

커피 좋아하세요?
Mögen Sie Kaffee?
뫼근 지 카프헤?

커피 한잔 하면서 얘기합시다.
Lass uns bei einer Tasse Kaffee weitersprechen.
라쓰 운쓰 바이 아이너 타쓰 카프헤 브아이터슈프흐에히은

커피 두 잔 주세요.
Zwei (Tassen) Kaffee bitte.
쯔브아이 (타쓴) 카프헤 비트

설탕과 우유를 드릴까요?
Mit Zucker und Milch?
밑 쭈커 운ㅌ 밀히?

Brauchen Sie Zucker und Milch?
브흐아우흔 지 쭈커 운ㅌ 밀히?

카페 안에서 흡연 가능한가요?
Darf man in diesem Café rauchen?
닾흐 만 인 디즘 카프헤 흐아우흔?

냅킨 좀 더 주시겠어요?
Könnte ich noch eine Serviette bekommen?
쾬트 이히 노흐 아이느 제흐브이엩트 브콤믄?

저는 커피를 마시면 잠이 잘 안 와요.
Ich kann nicht schlafen, wenn ich Kaffee getrunken habe.
이히 칸 니힡 슐라프흔, 브엔 이히 카프헤 그트흐웅큰 하브

패스트푸드

다음 분 주문하세요.
Der Nächste bitte.
데어 내흐스트 비트

햄버거 하나랑 콜라 주세요.
Einen Hamburger und eine Cola bitte.
아이는 함부어거 운트 아이느 콜라 비트

여기서 드시나요 가져가시나요?
Zum Hieressen oder Mitnehmen?
쭘 히어에쓴 오더 밑네믄?
Für hier oder to go/takeaway?
프휘어 히어 오더 투 고/테이크어웨이?

가져갈게요.

Zum Mitnehmen.
쭘 밑네믄
To go.
투 고

케밥 좋아해?

Mögen Sie Döner?
뫼근 지 되너?

케밥은 정말 싼데다가 양이 많아 한 끼 식사로 충분해.

Döner sind günstig und machen satt.
되너 진트 귄스티히 운트 마흔 잗

Schritt 2 시장

시장

#오늘 여기 시장이 섰어요.
Hier ist heute Markt.
히어 이슽 호이트 마클ㅌ

#오늘 시장이 서서 사람들이 북적북적해요.
Hier wimmelt es heute von Menschen, weil heute Markt ist.
히어 브임믈ㅌ 에쓰 호이트 프혼 멘슌, 브아일 호이트 마클ㅌ 이슽

#이 채소의 이름이 뭔가요?
Wie heißt dieses Gemüse?
브이 하이쓷 디즈쓰 그뮈즈?

#이건 처음 보는 과일이에요.
Dieses Obst habe ich ja noch nie gesehen.
디즈쓰 옾슽 하브 이히 야 노흐 니 그제흔

체리가 엄청 크네요.
500g 주세요.

Das sind aber große Kirschen. Ich nehme 500 Gramm (davon/von denen).
다쓰 진트 아버 그흐오쓰 키어슌. 이히 네므 프휜프흐훈덜 그흐암 (다프혼/프혼 데는)

딸기 1kg에 얼마인가요?

Wie viel kostet ein Kilo Erdbeeren?
브이 필 코스틑 아인 킬로 에얻베어흔?

여기 시장은 매주 서나요?

Ist hier jede Woche Markt?
이슽 히어 예드 브오흐 마클?

벼룩시장

매달 셋째 주 토요일에 이 길을 따라 벼룩시장이 서요.

Jeden dritten Samstag ist hier auf der Straße ein Flohmarkt.
예든 드흐잍튼 잠스탁 이슽 히어 아우프흐 데어 슈트흐아쎄 아인 프흘로마클

Kapitel 4.

#벼룩시장 구경 갈래?

Sollen wir auf den Flohmarkt?
졸른 브이어 아우프흐 덴 프흘로마킅?

#벼룩시장에서 정말 싸고 좋은 물건을 많이 얻을 수 있어요.

Auf dem Flohmarkt kann man günstig/billig einkaufen.
아우프흐 뎀 프흘로마킅 칸 만 귄스티히/빌리히 아인카우프흔

#이 자전거도 벼룩시장에서 산 거예요.

Dieses Fahrrad habe ich auch auf dem Flohmarkt gekauft.
디즈쓰 프하흐알 하브 이히 아우흐 아우프흐 뎀 프흘로마킅 그카우픝

#제 헌 옷들을 벼룩시장에서 팔려고요.

Ich will meine alten Kleider auf dem Flohmarkt verkaufen.
이히 브일 마이느 알튼 클라이더 아우프흐 뎀 프흘로마킅 프헤어카우프흔

#벼룩시장에 참여하려면 어떻게 해야 하나요?

Wie meldet man einen Stand auf dem Flohmarkt an?
브이 멜듵 만 아이느 슈탄ㅌ 아우프흐 뎀 프흘로마클ㅌ 안?

#요즘은 온라인 벼룩시장도 많아요.

Zurzeit gibt es auch viele Online-Flohmärkte.
쭈어짜잍 깁ㅌ 에쓰 아우흐 프힐르 온라인-프흘로매어크트

Schritt 3 대형 마트 & 슈퍼마켓

MP3.K04_S03

물건 찾기

\# 전기 제품 매장은 어디인가요?
Wo finde ich Elektrogeräte?
브오 프힌드 이히 엘렉트흐오그흐애트?

\# 식료품 매장은 지하 1층에 있어요.
Die Lebensmittel finden Sie im ersten Untergeschoss.
디 레븐쓰밑틀 프힌든 지 임 에어스튼 운터그슈오쓰

\# 여기 전구 파나요?
Haben Sie auch Glühbirnen?
하븐 지 아우흐 글뤼비어는?

\# 죄송합니다. 지금은 재고가 없습니다.
Tut mir leid, aber wir haben leider keine mehr da.
툩 미어 라잍, 아버 브이어 하븐 라이더 카이느 메어 다

\# 죄송하지만, 그 제품은 취급하지 않습니다.
Tut mir leid, aber das führen/haben wir (hier) nicht.
툩 미어 라잍, 아버 다쓰 프휘어흔/하븐 브이어 (히어) 니힡

영업 시간이 어떻게 되나요?

Bis wann haben Sie offen?
비쓰 브안 하븐 지 오프흔?

Wie lange haben Sie geöffnet?
브이 랑으 하븐 지 그외프흐늩?

10시부터 20시까지입니다.

Von zehn bis zwanzig Uhr.
프혼 첸 비쓰 쯔브안찌히 우어

Wir haben von 10 bis 20 Uhr geöffnet.
브이어 하븐 프혼 첸 비쓰 쯔브안찌히 우어 그외프흐늩

일요일에는 문을 안 엽니다.

Sonntags haben wir geschlossen.
존탁쓰 하븐 브이어 그슐로쓴

구매하기

카트를 가져오는 것이 좋겠어.

Es wäre besser, wir nehmen einen Einkaufswagen mit.
에쓰 브애어흐 베써, 브이어 네믄 아이는 아인카우프흐쓰브아근 밑

371

#낱개 판매도 하나요?	**Verkaufen Sie das auch einzeln?** 프헤어카우프흔 지 아쓰 아우흐 아인쯜ㄴ?
#이 감자보다 저게 나을 것 같아요.	**Die Kartoffeln da drüben sehen besser aus als diese/ die hier.** 디 카흐토프흘ㄴ 다 드흐위븐 제흔 베써 아우쓰 알쓰 디즈/디 히어
#물 한 박스 좀 가져와 줘.	**Hol bitte noch einen Kasten Wasser.** 홀 비트 노흐 아이는 카스튼 브아써
#샴푸가 어디 있는지 모르겠어요.	**Ich finde das Shampoo nicht.** 이히 프힌드 다쓰 슈암푸 니흩
#가구들은 IKEA 에서 싸게 살 수 있어요.	**Möbel kann man günstig/ billig bei IKEA kaufen.** 뫼블 칸 만 귄스티히/빌리히 바이 이케아 카우프흔

#음료를 살 때는 판트를 잊지 말아요.

Vergiss nicht, dass es Pfand auf die Flasche gibt.
프헤어기쓰 니힡, 다쓰 에쓰 프한ㅌ 아우프흐 디 프흘라슈 깁ㅌ

Vergiss nicht, dass das eine Pfandflasche ist.
프헤어기쓰 니힡, 다쓰 다쓰 아이느 프한ㅌ프흘라슈 이슽

지불하기

#계산대는 어디 있나요?

Wo ist die Kasse?
브오 이슽 디 카쓰?

Wo muss ich bezahlen?
브오 무쓰 이히 브짤른?

#봉투 드릴까요?

Brauchen Sie eine Tüte?
브흐아우흔 지 아이느 튀트?

#IKEA에는 무인 계산대가 있어요.

Bei IKEA gibt es Selbstbezahl-Kassen/ Express-Kassen.
바이 이케아 깁ㅌ 에쓰 젤브슽브짤–까쓴/ 엑쓰프흐에쓰–카쓴

Kapitel 4.

서명해 주세요.

Unterschreiben Sie bitte hier.
운터슈흐아이븐 지 비트 히어

Eine Unterschrift hier bitte.
아이느 운터슈흐이플 히어 비트

혹시 집까지 배달이 가능한가요?

Liefern Sie auch?
리프헌 지 아우흐?

Gibt es hier einen Lieferservice?
깁트 에쓰 히어 아이느 리프허써브이쓰?

가구 배달 시에는 추가 금액이 부과됩니다.

Eine Möbellieferung kostet jedoch extra.
아이느 뫼블리프허흐웅 코스틑 예도흐 엑쓰트흐아

제 차까지 짐 운반하는 것을 좀 도와주실 수 있나요?

Könnten Sie mir helfen die Sachen bis zu meinem Auto zu transportieren?
쾬튼 지 미어 헬프흔 디 자흔 비쓰 쭈 마이늠 아우토 쭈 트흐안쓰포어티어흔?

Schritt 4 옷 가게

쇼핑

#우리 같이 아이쇼핑하러 가지 않을래?

Wollen wir nicht einen Schaufensterbummel machen?
브올른 브이어 니힡 아이는 슈아우프휀스터붐믈 마흔?

Hast du Lust auf Windowshopping?
하슫 두 루슫 아우프흐 윈도우숖핑?

#나는 쇼핑하는 것을 좋아해.

Ich shoppe gerne.
이히 숖프 게어느

Ich mag es einkaufen zu gehen.
이히 막 에쓰 아인카우프흔 쭈 게흔

#난 어제 또 충동구매를 했어.

Ich habe mir gestern spontan etwas gekauft.
이히 하브 미어 게스턴 슈폰탄 엩브아쓰 그카우픋

#넌 명품만 밝히는구나.

Dir sind Markenartikel zu wichtig.
디어 진ㅌ 마큰아티클 쭈 브이히티히

\# 충동구매를 하지 않으려면 쇼핑 리스트를 만들어야 해.

Um nichts Unnötiges einzukaufen, sollte man sich einen Einkaufszettel /eine Einkaufliste machen.
움 니힡츠 운뇌티그쓰 아인쭈카우프흔, 졸트 만 지히 아이느 아인카우프흐쓰쩰틀/아이느 아인카우프흐리스트 마흔

\# 저는 옷을 벼룩시장에서 자주 사요.

Kleider/Klamotten kaufe ich oft auf dem Flohmarkt.
클라이더/클라몰튼 카우프흐 이히 오픝 아우프흐 뎀 프흘로마클

\# 저보다 남자친구가 쇼핑을 더 좋아해요.

Mein Freund geht lieber einkaufen/shoppen als ich.
마인 프흐오인트 곝 리버 아인카우프흔/숖픈 알쓰 이히

쇼핑몰

\# 쇼핑몰에 가면 다양한 물건을 살 수 있어요.

Im Einkaufszentrum kann man verschiedene Sachen kaufen.
임 아인카우프흐쓰쩬트흐움 칸 만 프헤어슈이드느 자흔 카우프흔

친구를 만나기 전까지 쇼핑몰 구경 좀 하려고요.

Bevor ich meinen Freund treffe, gehe ich solange noch ins Einkaufszentrum.
브프호어 이히 마이는 프흐오인ㅌ 트흐에프흐, 게흐 이히 조랑으 노흐 인쓰 아인카우프흐쓰쩬트흐움

쇼핑몰에서 쇼핑하면 시간을 절약할 수 있어요.

Es ist zeitsparender in einem Shoppingcenter einzukaufen.
에쓰 이슽 짜일슈파흔더 인 아이늠 숖핑쎈터 아인쭈카우프흔

난 완전히 지쳤다고! 벌써 두 시간째 끌고 다녔잖아.

Ich kann nicht mehr! Wir sind schon seit 2 Stunden am shoppen.
이히 칸 니힡 메어! 브이어 진ㅌ 슈온 자잍 쯔브아이 슈툰든 암 숖픈

Kapitel 4.

\# 저는 친구들과 어울려 쇼핑몰에 가는 것을 좋아해요.

Ich gehe gerne mit meinen Freunden zusammen in dass Einkaufszentrum.
이히 게흐 게어느 밑 마이느 프흐오인든 쭈잠믄 인 다쓰 아인카우프흐쓰쩬트흐움

옷 가게

\# 찾으시는 물건이 있나요?

Kann ich Ihnen helfen?
칸 이히 이느 헬프흔?

Kann ich Ihnen behilflich sein?
칸 이히 이느 브힐프흘리히 자인?

\# 그냥 좀 둘러보는 중이에요.

Nein danke, ich schaue (mich) nur (um).
나인 당크, 이히 슈아우 (미히) 누어 (움)

\# 지금 유행하는 스타일은 어떤 건가요?

Was ist denn gerade trendy/angesagt?
브아쓰 이슽 덴 그흐아드 트흐엔디/안그자클?

이건 이월 상품이에요.
Das gehört noch zur letzten/alten Kollektion.
다쓰 그회엍 노흐 쭈어 렡쯔튼/알튼 콜렉찌온

좀 입어 봐도 될까요?
Darf man das anprobieren?
닾흐 만 다쓰 안프흐오비어흔?

한번 입어 보세요.
Probieren Sie es (doch) mal (an).
프흐오비어흔 지 에쓰 (도흐) 말 (안)

탈의실은 저쪽에 있어요.
Die Garderobe/Ankleidekabine ist dort drüben.
디 가더흐오브/안클라이드카비느 이슽 도엍 드흐위븐

이거 M 사이즈 좀 찾아 주시겠어요?
Können Sie mir das in Größe M bringen?
쾬는 지 미어 다쓰 인 그흐외쓰 엠 브흐잉은?

Kapitel 4.

옷 구입 조건

사이즈가 어떻게 되십니까?

Wie/Was ist Ihre Größe?
브이/브아쓰 이슽 이어 그흐외쓰?

M 사이즈는 저한테 안 맞아요. L 사이즈가 맞을 것 같아요.

(Größe) M passt mir nicht. Ich glaube, (Größe) L wird mir passen.
(그흐외쓰) 엠 파슽 미어 니힡. 이히 글라우브, (그흐외쓰) 엘 브이얼 미어 파쓴

파란색보다는 빨간색이 더 잘 어울려요.

Blau steht dir besser als rot.
브라우 슈텥 디어 베써 알쓰 흐옽

이 와이셔츠 다른 색상은 없나요?

Gibt es dieses Hemd noch in einer anderen Farbe?
깁트 에쓰 디즈쓰 헴트 노흐 인 아이너 안더흔 프하브?

이 티셔츠는 노출이 너무 심한데요.

Dieses T-Shirt ist mir ein bisschen zu gewagt.
디즈쓰 티-슈얼 이슽 미어 아인 비쓰히은 쭈 그브아큍

\# 저는 순모 스웨터를 찾고 있어요.

Ich suche einen Pullover aus reiner Wolle.
이히 주흐 아이는 풀로브어 아우쓰 흐아이너 브올르

\# 가격에 대비 정말 좋은 원피스예요.

Für den Preis ist das ein tolles Kleid.
프휘어 덴 프흐아이쓰 이슽 다쓰 아인 톨르쓰 클라잍

\# 이 원피스 디자인이 정말 마음에 들어.

Der Schnitt dieses Kleides gefällt mir besonders gut.
데어 슈닡 디즈쓰 클라이드쓰 그프핼ㅌ 미어 브존더쓰 굳

옷 구입 결정

\# 잘 어울려.

Das steht dir gut.
다쓰 슈텥 디어 굳

\# 이게 바로 내가 찾던 거야.

Genau sowas habe ich gesucht.
그나우 조브아쓰 하브 이히 그주흩

Das ist genau das, was ich gesucht habe.
다쓰 이슽 그나우 다쓰, 브아쓰 이히 그주흩 하브

이걸로 사는 게 좋겠어.
(이 옷으로 결정했어.)

Ich nehme das.
이히 네므 다쓰

가격이 적당하네요. 이걸로 할게요.

Der Preis ist okay. Ich nehme es.
데어 프흐아이쓰 이슽 오케이. 이히 네므 에쓰

Der Preis ist angemessen. Ich nehme es.
데어 프흐아이쓰 이슽 안그메쓴. 이히 네므 에쓰

몇 군데 더 둘러보고 결정하자.

Lass uns noch in ein paar andere Läden gehen und dann entscheiden.
라쓰 운쓰 노흐 인 아인 파 안더흐 래든 게흔 운ㅌ 단 엔ㅌ슈아이든

진열대에 있는 것이 마지막 남은 재킷입니다.

Das ist die letzte Jacke, die wir noch haben.
다쓰 이슽 디 렡쯔트 약크, 디 브이어 노흐 하븐

여기는 내 마음에 드는 게 없어요.

Mir gefällt hier nichts.
미어 그프핼ㅌ 히어 니힡츠

할인 기간

이제 곧 여름 세일 기간이야!

Bald ist Sommerschlussverkauf!
발트 이슽 좀머슐루쓰프헤어카우프흐!

겨울 세일은 일주일 동안 계속됩니다.

Der Winterschlussverkauf dauert eine Woche.
데어 브인터슐루쓰프헤어카우프흐 다우얻 아이느 브오흐

재고정리 세일 중입니다.

Es ist gerade Räumungsverkauf.
에쓰 이슽 그흐아드 흐오이뭉쓰프헤어카우프흐

세일은 언제까지인가요?

Wie lange gilt das Angebot?
브이 랑으 길트 다쓰 안그봍?

Wie lange geht die Sonderaktion?
브이 랑으 겔 디 존더악찌온?

세일은 어제 끝났습니다.

Das Angebot war/galt (nur) bis gestern.
다쓰 안그봍 브아/갈트 (누어) 비쓰 게스턴

Kapitel 4.

\# 세일 상품은 교환이나 환불이 안 됩니다.

Die Artikel aus dem Schlussverkauf/Sale können nicht umgetauscht oder zurückgegeben werden.
디 아티클 아우쓰 뎀 슐루쓰프헤어카우프흐/세일 쾬는 니힡 움그타우슡 오더 쭈흐윅그게븐 브에어든

\# 이 바지는 표시된 가격에서 얼마나 할인되나요?

Wie viel Rabatt gibt es auf diese Hose?
브이 프힐 흐아밭 깁ㅌ 에쓰 아우프흐 디즈 호즈?

할인 품목 & 할인율

\# 전 제품 20% 할인하고 있습니다.

Auf alles 20 Prozent Rabatt.
아우프흐 알르쓰 쯔브안찌히 프흐오쩬ㅌ 흐아밭

Es gibt auf alle Artikel 20% Rabatt.
에쓰 깁ㅌ 아우프흐 알르 아티클 쯔브안찌히 프흐오쩬ㅌ 흐아밭

\# 이 제품은 할인 품목에 포함되지 않아요.

Dieses Produkt ist/haben wir nicht im Angebot.
디즈쓰 프흐오두클 이슽/하븐 브이어 니힡 임 안그봍

정가는 100유로지만 세일해서 80유로예요.

Eigentlich kostet es 100 Euro, aber im Angebot heute nur 80 Euro.
아이근틀리히 코스틑 에스 훈덭 오이호오, 아버 임 안그봍 호이트 누어 아흩찌히 오이호오

티셔츠가 세일 중입니다. 3벌을 구입하시면 1벌을 무료로 드립니다.

Das T-Shirt ist im Angebot. Wenn sie 3 Stück kaufen, bekommen Sie eines kostenlos.
다쓰 티-슈엍 이슽 임 안그봍. 브엔 지 드흐아이 슈튁 카우프흔, 브콤믄 지 아이느쓰 코스튼로쓰

어떤 품목을 세일하고 있나요?

Was haben Sie gerade im Angebot?
브아쓰 하븐 지 그흐아드 임 안그봍?

이 컴퓨터는 세일 중인가요?

Ist dieser Computer im Angebot?
이슽 디저 컴퓨터 임 안그봍?

Kapitel 4.

그 컴퓨터는 최대 50%까지 할인됩니다.

Auf den Computer gibt es 50 Prozent.
아우프흐 덴 컴퓨터 깁트 에쓰 프휜프흐찌히 프흐오쩬트

Der Computer ist 50% ermäßigt.
데어 컴퓨터 이슽 프휜프흐찌히 프흐오쩬트 에어매씨클

할인 구입 조건

그 가게는 세일 기간에만 가요.

Hier gehe ich nur rein, wenn gerade Schlussverkauf ist.
히어 게흐 이히 누어 흐아인, 브엔 그흐아드 슐루쓰프헤어카우프흐 이슽

난 세일 때를 기다리고 있어요.

Ich warte noch auf den Schlussverkauf.
이히 브아트 노흐 아우프흐 덴 슐루쓰프헤어카우프흐

리바이스가 엄청 세일 중인데, 지금 사면 거의 반값이야.

Bei Levis gibt es gerade alles zum halben Preis.
바이 리바이스 깁트 에쓰 그흐아드 알르쓰 쭘 할븐 프흐아이쓰

이 털모자는 세일해서 7유로밖에 안 해요.

Diese Mütze ist auf 7 Euro runter gesetzt.
디즈 뮡쯔 이슽 아우프흐 지븐 오이흐오 흐운터 그젤쯭

세일 기간 중에도 좋은 물건을 찾을 수 있어요.

Im Schlussverkauf findet man manchmal gute Schnäppchen.
임 슐루쓰프헤어카우프흐 프힌듵 만 만히말 구트 슈냎히은

여기 이 시계의 품질은 최고예요.

Diese Uhr hier hat die beste Qualität.
디즈 우어 히어 핱 디 베스트 크브알리탵

명품은 거의 할인을 하지 않아요.

Auf Markenartikel gibt es selten Rabatt.
아우프흐 마큰아티클 깁트 에쓰 젤튼 흐아밭

계산하기

#전부 얼마인가요?
Wie viel macht das zusammen?
브이 프힐 마흐 다쓰 쭈잠믄?

Wie viel kostet alles zusammen?
브이 프힐 코스틑 알르쓰 쭈잠믄?

#카드로 계산하시겠어요 현금으로 계산하시겠어요?
Zahlen Sie mit Karte oder bar?
짤른 지 밑 카트 오더 바?

#신용카드로 결제할게요.
Ich zahle mit Karte.
이히 짤르 밑 카트

#현금으로 할게요.
Ich zahle bar.
이히 짤르 바

#잔돈 있으세요?
Haben Sie es klein?
하븐 지 에쓰 클라인?

Haben Sie Kleingeld?
하븐 지 클라인겔트?

#영수증 드릴까요?

Brauchen Sie den Kassenbon/Beleg?
브흐아우흔 지 덴 카쓴봉/블렉?

#영수증은 버려 주세요.

Nein, den Kassenbon brauche ich nicht.
나이느 덴 카쓴봉 브흐아우흐 이히 니힡

#여기 29유로 거스름돈입니다.

29 Euro zurück.
노인운ㅌ쯔브안찌히 오이흐오 쭈흐윅

29 Euro für Sie.
노인운ㅌ쯔브안찌히 오이흐오 프휘어 지

할부 구매

#일시불로 하시겠어요?

Wollen Sie alles auf einmal bezahlen?
브올른 지 알르쓰 아우프흐 아인말 브짤른?

#할부로 구입 가능한가요?

Ist auch eine Ratenzahlung möglich?
이슽 아우흐 아이느 흐아튼짤룽 뫼클리히?

#무이자 할부는 몇 개월인가요?

Wie viele Monate sind die Raten zinsfrei?
브이 프힐르 모나트 진ㅌ 디 흐아튼 찐쓰프흐아이?

Kapitel 4.

5개월까지 무이자 할부 가능합니다.

Bis zu fünf Monaten sind die Raten zinslos.
비쓰 쭈 퓐프흐 모나튼 진트 디 흐아튼 찐쓰로쓰

3개월 할부로 해 주세요.

Ich möchte gerne in drei Monatsraten zahlen.
이히 뫼히트 게어느 인 드흐아이 모낱츠흐아튼 짤른

그러면 일시불로 할게요.

Dann zahle ich den gesamten Betrag.
단 짤르 이히 덴 그잠튼 브트흐악

Dann zahle ich alles auf einmal.
단 짤르 이히 알르쓰 아우프흐 아인말

환불 & 교환

이거 환불 가능한가요?

Kann ich den Artikel zurückgeben?
칸 이히 덴 아티클 쭈흐윅게븐?

#영수증 없이는 환불 불가능합니다.

Ohne die Quittung/ den Kassenbon ist die Rückerstattung nicht möglich.
오느 디 크브잍퉁/덴 카쓴봉 이슽 디 흐윅에어슈탙퉁 니힡 뫼클리히

#환불 가능한 기간은 언제까지인가요?

Bis wann kann ich den Artikel zurückgeben?
비쓰 브안 칸 이히 덴 아티클 쭈흐윅게븐?

#구입일로부터 일주일 이내에 교환 가능합니다.

Sie können die Ware/den Artikel innerhalb einer Woche umtauschen.
지 쾬느 디 브아흐/덴 아티클 인너할ㅍ 아이너 브오흐 움타우슌

#사이즈가 안 맞아서 그러는데 교환 가능한가요?

Ich möchte das gerne in eine andere Größe umtauschen.
이히 뫼히트 다쓰 게어느 인 아이느 안더흐 그흐외쓰 움타우슌

#이 제품은 교환이 불가능합니다.

Dieser Artikel ist vom Umtausch ausgeschlossen.
디저 아티클 이슽 프홈 움타우슈 아우쓰그슐로쓴

Kapitel 4.

Schritt 5 병원 & 약국

예약 & 접수

마이어 선생님께 진료 예약하고 싶어요.

Ich habe einen Termin mit Herrn Doktor Meier.
이히 하브 아이는 테어민 밑 헤언 독토어 마이어

오늘 오후 진료 예약 가능한가요?

Haben Sie heute Nachmittag noch einen Termin frei?
하븐 지 호이트 나흐밑탁 노흐 아이는 테어민 프흐아이?

죄송하지만 오늘 스케줄은 이미 꽉 찼어요.

Tut mir leid, aber heute haben wir keine freien Termine (mehr).
툳 미어 라잍, 아버 호이트 하븐 브이어 카이느 프흐아이은 테어미느 (메어)

언제 진료받을 수 있을까요?

Wann wäre der nächste freie Termin?
브안 브애어흐 데어 내흐스트 프흐아이으 테어민?

\# 예약 없이 오시면 오래 기다리셔야 해요.

Wenn Sie ohne Termin kommen, müssen Sie mit langen Wartezeiten rechnen.
브엔 지 오느 테어민 콤믄, 뮈쓴 지 밑 랑은 브아트짜이튼 흐에히는

\# 전화로 예약했습니다.

Ich habe telefonisch einen Termin vereinbart.
이히 하브 텔레프호니슈 아이느 테어민 프헤어아인밭

\# 오늘 처음입니다.

Ich bin heute zum ersten Mal hier.
이히 빈 호이트 쭘 에어스튼 말 히어

\# 진료 시간이 어떻게 되나요?

Wie lange haben Sie Sprechstunde?
브이 랑으 하븐 지 슈프흐에히슈툰드?

진찰실

#어디가
안 좋으신가요?

Was kann ich für Sie tun?
브아쓰 칸 이히 퓌어 지 툰?

Wie kann ich Ihnen helfen?
브이 칸 이히 이는 헬프흔?

Wo geht es Ihnen nicht gut?
브오 겔 에쓰 이는 니흩 굳?

#증상이
어떻습니까?

Was haben Sie für Symptome?
브아쓰 하븐 지 퓌어 쥠프토므?

Wie sind die Symptome?
브이 진ㅌ 디 쥠프토므?

#언제부터
아프셨어요?

Seit wann haben Sie diese Beschwerden?
자잍 브안 하븐 지 디즈 브슈브에어든?

Seit wann haben Sie das?
자잍 브안 하븐 지 다쓰?

#최근에
뭘 드셨죠?

Was haben Sie zuletzt gegessen?
브아쓰 하븐 지 쭈렡쯭 그게쓴?

Was haben Sie zuletzt zu sich genommen?
브아쓰 하븐 지 쭈렡쯭 쭈 지히 그놈믄?

#숨을 깊이
들이쉬세요.

Atmen Sie tief ein und aus.
앝믄 지 티프흐 아인 운ㅌ 아우쓰

Tief ein- und ausatmen.
티프흐 아인– 운ㅌ 아우쓰앝믄

#입을 크게
벌려 주세요.

Machen Sie bitte den Mund groß auf.
마흔 지 비트 덴 문ㅌ 그흐오쓰 아우프흐

Jetzt bitte A machen.
(아이에게 '아~하세요' 할 때)
옡쯭 비트 아 마흔

외과

#발목을 삐었어요.

Ich habe mir den Fuß verstaucht.
이히 하브 미어 덴 프후쓰 프헤어슈타우흩

스노보드를 타다 팔이 부러졌어요.
Ich habe mir den Arm beim Snowboardfahren gebrochen.
이히 하브 미어 덴 암 바임 스노우보어드프하흔 그브흐오흔

교통사고로 다리를 다쳤어요.
Ich habe mir das Bein bei einem Autounfall verletzt.
이히 하브 미어 다쓰 바인 바이 아이늠 아우토운프할 프헤어렡쯭

어릴 때부터 허리가 아파요.
Ich habe schon seit ich klein bin Rückenschmerzen.
이히 하브 슈온 자일 이히 클라인 빈 흐윅큰슈메어쯘

손목이 부었어요.
Mein Handgelenk ist angeschwollen.
마인 한트글렝ㅋ 이슽 안그슈브올른

어깨가 결려요.
Ich habe (so) ein Stechen in den Schultern.
이히 하브 (조) 아인 슈테히은 인 덴 슐턴

#어깨가 너무 아파서 잠을 잘 수가 없었어요.

Ich kann wegen der Schulterschmerzen nicht schlafen.
이히 칸 브에근 데어 슐터슈메이쭌 니힡 슐라프흔

#당분간은 발목을 사용하시면 안 돼요.

Schonen Sie Ihr Fußgelenk.
슈오는 지 이어 프후쓰그렝ㅋ

내과 - 감기

#감기에 걸린 것 같아요.

Ich glaube, ich habe mich erkältet.
이히 글라우브, 이히 하브 미히 에어캘틑
Ich glaube, ich habe eine Erkältung.
이히 글라우브, 이히 하브 아이느 에어캘퉁

#코감기에 걸렸어요.

Ich habe Schnupfen.
이히 하브 슈눞프흔

코가 막혔어요.

Meine Nase ist verstopft.
마이느 나즈 이슽 프헤어슈톺흘

감기로 목이 쉬었어요.

Ich bin noch heiser von meiner Erkältung.
이히 빈 노흐 하이저 프혼 마이너 에어캘퉁

침을 삼킬 때마다 목이 아파요.

Ich habe Schluckweh.
이히 하브 슐룩브에

쉬지 않고 기침이 나요.

Ich muss die ganze Zeit husten.
이히 무쓰 디 간쯔 짜잍 후스튼

머리가 깨질 듯이 아파요.

Ich habe schlimme/starke Kopfschmerzen.
이히 하브 슐림므/슈타크 콮흐슈메어쯘

집에서 따뜻한 차 많이 마시고 푹 쉬면 좋아질 거야.

Trink viel Tee und ruhe dich gut aus. Dann wird es bestimmt besser.
트흐잉ㅋ 프힐 테 운ㅌ 흐우 디히 굳 아우쓰. 단 브이얼 에쓰 브슈팀ㅌ 베써

내과 - 열

루카스는 어젯밤부터 열이 있어요.

Lukas hat seit gestern Abend Fieber.
루카쓰 핟 자잍 게스턴 아븐트 프히버

전 미열이 있어요.

Ich habe leichtes Fieber.
이히 하브 라이히트쓰 프히버

이제 체온을 재겠습니다.

Ich messe mal Ihre Temperatur/ Köpertemperatur.
이히 메쓰 말 이어흐 템퍼흐아투어/ 쾨어퍼템퍼흐아투어

당신 체온이 36도예요.

(Sie haben) 36 Grad.
(지 하븐) 제흐쓰운트드흐아이씨히 그흐앝

독감이 유행하고 있어요.

Zurzeit haben viele die Grippe.
쭈어짜잍 하븐 프힐르 디 그흐잎프

Kapitel 4.

399

#해열제를 처방해 드리겠습니다.

Ich verschreibe Ihnen etwas gegen Fieber.
이히 프헤어슈흐아이브 이는 엘브아쓰 게근 프히버

내과 - 소화기

#배가 아파요.

Ich habe Bauchschmerzen.
이히 하브 바우흐슈메어쯘
Mein Bauch tut weh.
마인 바우흐 툩 브에

#아랫배에 통증이 있어요.

Ich habe Bauchkrämpfe.
이히 하브 바우흐크흐앰프흐
Ich habe Unterleibsschmerzen.
이히 하브 운터라잎쓰슈메어쯘

#배탈이 났어요.

Ich habe mir den Magen verdorben.
이히 하브 미어 덴 마근 프헤어도어븐
Ich habe was Schlechtes/Falsches gegessen.
이히 하브 브아쓰 슐레히트쓰/프할슈쓰 그게쓴

#구역질이 나요.

Mir ist übel/schlecht.
미어 이슽 위블/슐레힡

#토할 것 같아요.

Ich muss mich übergeben/erbrechen.
이히 무쓰 미히 위버게븐/에어브흐에히은

#아무것도 못 먹겠어요.

Ich kann gerade nichts essen.
이히 칸 그흐아드 니힡츠 에쓴

Ich habe gerade keinen Appetit.
이히 하브 그흐아드 카이는 아페팉

#변비가 있어요.

Ich habe (eine) Verstopfung.
이히 하브 (아이느) 프헤어슈토프훙

#설사를 합니다.

Ich habe Durchfall.
이히 하브 두어히프할

#어제부터 내내 설사만 했어요.

Seit gestern habe ich die ganze Zeit Durchfall.
자잍 게스턴 하브 이히 디 간쯔 짜잍 두어히프할

\# 트림이 나요.

Ich muss die ganze Zeit aufstoßen/rülpsen.
이히 무쓰 디 간쯔 짜일 아우프흐슈토쓴/흐윌프쓴

\# 먹으면 바로 토해요.

Ich kann nichts bei mir behalten.
이히 칸 니힡츠 바이 미어 브할튼

Ich kotze alles gleich wieder aus, was ich esse.
이히 콭쯔 알르쓰 글라이히 브이더 아우쓰, 브아쓰 이히 에쓰

Alles was ich esse, muss ich gleich wieder erbrechen.
알르쓰 브아쓰 이히 에쓰, 무쓰 이히 글라이히 브이더 에어브흐에히은

치과 - 치통

\# 이가 몹시 아파요.

Ich habe Zahnschmerzen.
이히 하브 짠슈메어쯘

사랑니가 나면서 엄청 아파요.

Ich habe Zahnschmerzen wegen meines Weisheitszahnes.
이히 하브 짠슈메어쯘 브에근 마이느쓰 브아이쓰하일츠짜느쓰

씹을 때마다 오른쪽 어금니가 아파요.

Mein Backenzahn tut mir beim Kauen weh.
마인 박큰짠 툳 미어 바임 카우은 브에

먹을 때마다 이가 아파서 아무것도 못 먹겠어요.

Ich kann wegen den Zahnschmerzen nichts essen.
이히 칸 브에근 덴 짠슈메어쯘 니힡츠 에쓴

양치질 할 때 잇몸에서 피가 나고 아파요.

Das Zahnfleisch blutet und schmerzt beim Zähneputzen.
다쓰 짠프흘라이슈 블루틑 운ㅌ 슈메어쯭 바임 째느퐅쯘

이를 뽑아야 할 것 같아요.

Wir müssen den Zahn ziehen.
브이어 뮈쓴 덴 짠 찌흔

Kapitel 4.

\# 교정을
시작했는데
처음에는 이가 아파
수프만 먹었어요.

Nachdem ich eine Zahnspange bekommen habe, konnte ich anfangs/ am Anfang nur Suppe essen.
나흐뎀 이히 아이느 짠슈팡으 브콤믄 하브, 콘트 이히 안프항쓰/암 안프항 누어 쥪프 에쓴

치과 - 충치

\# 충치가 많아요.

Sie haben viel Karies.
지 하븐 프힐 카흐이으쓰

Sie haben viele kariöse Zähne.
지 하븐 프힐르 카흐이외즈 쨰느

\# 찬물을 마실
때마다 어금니가
시려요.

Der Backenzahn tut weh, wenn ich kaltes Wasser trinke.
데어 박큰짠 퉅 브에, 브엔 이히 칼트쓰 브아써 트흐잉크

#전 치과에
가야 해요.

Ich muss zum Zahnarzt.
이히 무쓰 쭘 짠아쯭

Ich brauche eine zahnärztliche Behandlung.
이히 브흐아우흐 아이느 짠애어쯔틀리히으 브한들룽

#충치를 때워야
합니다.

Meine Karies muss behandelt werden.
마이느 카흐이으쓰 무쓰 브한들ㅌ 브에어든

#충치가 두 개
있는 것 같군요.

Zwei Ihrer Zähne haben Karies.
쯔브아이 이어허 째느 하븐 카흐이으쓰

#썩은 이를
뽑아야 합니다.

Der kariöse/verfaulte Zahn muss gezogen werden.
데어 카흐이외즈/프헤어프하울트 짠 무쓰 그쪼근 브에어든

#치료하면서
치석 제거도 함께
해 드릴게요.

Bei der Zahnreinigung entferne ich Ihnen auch den Zahnstein.
바이 데어 짠흐아이니궁 엔트프헤어느 이히 이는 아우흐 덴 짠슈타인

Kapitel 4.

진료 기타

#코피가
자주 나요.

Ich habe oft Nasenbluten.
이히 하브 오픝 나즌블루튼

#온몸에
두드러기가 났어요.

Ich habe Nesselausschlag auf dem ganzen Körper.
이히 하브 네쓸아우쓰슐락 아우프흐 뎀 간쫀 쾨어퍼

#빈혈이 있어요.

Ich habe Blutmangel/Blutarmut.
이히 하브 블룉망을/블룉아뭍

#현기증이 나요.

Mir ist schwindlig.
미어 이슽 슈브인들리히

#머리가 아파서
못 움직이겠어요.

Ich kann mich vor lauter Kopfschmerzen nicht bewegen.
이히 칸 미히 프호어 라우터 콮흐슈메어쯘 니힡 브브에근

#저는 꽃가루 알레르기가 있어요.

Ich habe Heuschnupfen.
이히 하브 호이슈눞프흔

Ich habe eine Pollenallergie.
이히 하브 아이느 폴른알러기

#입덧인 것 같아요.

Ich glaube, das ist die morgendliche Übelkeit.
이히 글라우브, 다쓰 이슽 디 모어근틀리히으 위블카잍

#몇 달째 생리를 하지 않았어요.

Ich habe schon seit ein paar Monaten meine Regel/Tage nicht mehr bekommen.
이히 하브 슈온 자잍 아인 파 모나튼 마이느 흐에글/타그 니힡 메어 브콤믄

입원 & 퇴원

#입원 수속을 하려고 해요.

Ich möchte mich ins Krankenhaus einweisen.
이히 뫼히트 미히 인쓰 크흐앙큰하우쓰 아인브아이즌

#그가 입원해야 하나요?

Muss er über Nacht im Krankenhaus bleiben?
무쓰 에어 위버 나흩 임 크흐앙큰하우쓰 블라이븐?

Kapitel 4.

제가 얼마나 입원해야 하나요?

Wie lange muss ich im Krankenhaus bleiben?
브이 랑으 무쓰 이히 임 크흐앙큰하우쓰 블라이븐?

입원에도 의료 보험이 적용되나요?

Zahlt die Krankenversicherung auch einen Krankenhausaufenthalt?
짤ㅌ 디 크흐앙큰프헤어지히어흐웅 아우흐 아이느 크흐앙큰하우쓰아우프흐엔ㅌ할ㅌ

가능하면 1인실로 해 주세요.

Wenn es möglich ist, möchte ich gerne ein Einzelzimmer.
브엔 에쓰 뫼클리히 이슽, 뫼히ㅌ 이히 게어느 아인 아인쯸찜머

언제 퇴원할 수 있나요?

Wann werde ich aus dem Krankenhaus entlassen?
브안 브에어드 이히 아우쓰 뎀 크흐앙큰하우쓰 엔ㅌ라쓴?

퇴원 절차가 어떻게 되나요?

Wie werde ich aus dem Krankenhaus entlassen?
브이 브에어드 이히 아우쓰 뎀 크흐앙큰하우쓰 엔ㅌ라쓴?

수술

#그는 위독한 상태입니다.

Er befindet sich in einem kritischen Zustand.
에어 브프힌들 지히 인 아이늠 크흐이티슌 쭈슈탄트

#오늘 밤이 고비입니다.

Er wird die Nacht nicht überstehen.
에어 브이얼 디 나흩 니힡 위버슈테흔

#그는 당장 수술을 받아야 합니다.

Er muss sofort operiert werden.
에어 무쓰 조프호얼 오퍼흐이얼 브에어든

#수술하기 위해서 가족의 동의가 필요합니다.

Für die Operation braucht man die Zustimmung/Einwilligung der Familie.
프휘어 디 오퍼흐아찌온 브흐아우흩 만 디 쭈슈팀뭉/아인브일리궁 데어 프하밀리으

#수술 받은 적 있나요?

Wurden Sie schon mal operiert?
브우어든 지 슈온 말 오퍼흐이얼?

\# 맹장 수술을 했어요.

Ich hatte eine Blinddarmoperation.
이히 핱트 아이느 블린트담오퍼흐아찌온

\# 쉬운 수술이니까 걱정하지 마세요.

Keine Sorge, das ist eine kleine Operation.
카이느 조어그, 다쓰 이슽 아이느 클라이느 오퍼흐아찌온

\# 제왕 절개 수술을 해서 아이를 낳았습니다.

Ich hatte einen Kaiserschnitt.
이히 핱트 아이느 카이저슈닡

\# 그녀는 심장 이식을 해야 합니다.

Sie braucht eine Herztransplantation.
지 브흐아우흩 아이느 헤어쯔트흐안쓰플란타찌온

병원비 & 보험

\# 진찰료는 얼마입니까?

Wie viel muss ich für die ärztliche Behandlung bezahlen?
브이 프힐 무쓰 이히 프휘어 디 애어쯭틀리히으 브한들룽 브짤른?

의료 보험이 있나요?

Haben Sie eine Krankenversicherung?
하븐 지 아이느 크흐앙큰프헤어지히어흐웅?

저는 의료 보험에 가입되어 있어요.

Ich habe eine Krankenversicherung.
이히 하브 아이느 크흐앙큰프헤어지히어흐웅

모든 비용에 보험 적용이 되나요?

Übernimmt die Kosten die Krankenkasse/ Krankenversicherung?
위버님트 디 코스튼 디 크흐앙큰카쓰/ 크흐앙큰프헤어지히어흐웅?

반액만 보험 적용이 됩니다.

Die Hälfte der Kosten übernimmt/zahlt die Krankenkasse.
디 핼프흐트 데어 코스튼 위버님트/짤트 디 크흐앙큰카쓰

진단서를 받고 싶어요.

Ich brauche noch das Attest.
이히 브흐아우흐 노흐 다쓰 아테슽

Kapitel 4.

#일부 의약품은 보험 적용이 되지 않습니다.

Einige Medikamente zahlt die Krankenkasse nicht.
아이니그 메디카멘트 짤트 디 크흐앙큰카쓰 니힐

문병

#루카스 마이어가 입원한 병실이 어디죠?

Wo liegt Lukas Meier?
브오 리클 루카쓰 마이어?

Wo finde ich das Zimmer von Lukas Meier?
브오 프힌드 이히 다쓰 찜머 프혼 루카쓰 마이어?

#루카스 문병 가요.

Ich gehe Lukas im Krankenhaus besuchen.
이히 게흐 루카쓰 임 크흐앙큰하우쓰 브주흔

#몸은 좀 어때?

Wie geht es dir?
브이 겔 에쓰 디어?

Geht es dir besser?
겔 에쓰 디어 베써?

Wie fühlst du dich?
브이 프휠슽 두 디히?

훨씬 좋아졌어요.

Mir geht es viel besser.
미어 겔 에쓰 프힐 베써

빨리 회복되기를 바랄게.

Ich hoffe, du erholst dich schnell.
이히 호프흐, 두 에어홀슽 디히 슈넬

Ich hoffe, du wirst schnell wieder gesund.
이히 호프흐, 두 브이어슽 슈넬 브이더 그준트

건강하십시오.

Gute Besserung.
구트 베써흐웅

나아지셨다니 다행이네요.

Ich freue mich, dass Sie sich wieder erholt haben.
이히 프흐오이으 미히, 다쓰 지 지히 브이더 에어홀트 하븐

Ich bin froh, dass Sie wieder gesund sind.
이히 빈 프흐오, 다쓰 지 브이더 그준트 진트

처방전

처방전을 써 드리겠습니다.

Ich gebe Ihnen ein Rezept.
이히 게브 이는 아인 흐에쩨플

사흘치 약을 처방해 드리겠습니다.

Ich verschreibe Ihnen ein Medikament. Das nehmen Sie bitte 4 Tage (lang) ein.
이히 프헤어슈흐아이브 이는 아인 메디카멘트. 다쓰 네믄 지 비트 프히어 타그 (랑) 아인

현재 복용하는 약이 있나요?

Nehmen Sie Medikamente?
네믄 지 메디카멘트?

혈압 약을 복용하고 있어요.

Ich nehme Medikamente gegen Bluthochdruck.
이히 네므 메디카멘트 게근 블룯호흐드흐욱

이 약은 식후에 드셔야 합니다.

Nehmen Sie die Medizin bitte immer nach dem Essen ein.
네믄 지 디 메디찐 비트 임머 나흐 뎀 에쓴 아인

이 약에 부작용이 있나요?

Hat dieses Medikament/ diese Medizin (irgendwelche) Nebenwirkungen?
할 디즈쓰 메디카멘트/디즈 메디찐 (이어근트브엘히으) 네븐브이어쿵은?

약에 알레르기가 있습니까?

Sind Sie gegen irgendwelche Medikamente allergisch?
진트 지 게근 이어근트브엘히으 메디카멘트 알러기슈?

약국

진통제 있나요?

Haben Sie Schmerzmittel?
하븐 지 슈메어쯔밑틀?

Ich bräuchte Schmerztabletten.
이히 브흐오이히트 슈메어쯔타블렡튼

Kapitel 4.

#수면제 좀 주세요.

Geben Sie mir ein Schlafmittel bitte.
게븐 지 미어 아인 슐라프흐밑틀 비트

Schlaftabletten bitte.
슐라프흐타블렡튼 비트

#하루에 몇 알씩 먹어야 하나요?

Wie viele Pillen muss ich am Tag nehmen?
브이 프힐르 필른 무쓰 이히 암 탁 네믄?

#처방전 없이 감기약을 살 수 있나요?

Bekommt man ein Grippemittel auch ohne Verschreibung/Rezept?
브콤ㅌ 만 아인 그흐잎픈밑틀 아우흐 오느 프헤어슈흐아이붕/흐에쩨ㅍㅌ?

#반창고 한 통 주세요.

Eine Packung Pflaster bitte.
아이느 팍쿵 프흘라스터 비트

#상처에 바르는 연고가 필요해요.

Ich brauche eine Wundheilsalbe.
이히 브흐아우흐 아이느 브운ㅌ하일잘브

#이 약은 어떻게 복용해야 하나요?

Wie soll ich das Medikament einnehmen?
브이 졸 이히 다쓰 메디카멘트 아인네믄?

#1일 3회 식후에 복용하세요.

Dreimal am Tag nach dem Essen.
드흐아이말 암 탁 나흐 뎀 에쓴

Schritt 6 은행 & 우체국　　　MP3. K04_S06

은행 - 계좌

\# 계좌를 개설하고 싶습니다.
Ich möchte ein Konto bei der Bank eröffnen.
이히 뫼히트 아인 콘토 바이 데어 방ㅋ 에어외프흐는

\# 체크 카드도 만드시겠어요?
Möchten Sie auch eine EC-Karte beantragen?
뫼히튼 지 아우흐 아이느 에체-카트 브안트흐아근?

\# 적금을 들고 싶어요.
Ich möchte ein Sparkonto eröffnen.
이히 뫼히트 아인 슈파콘토 에어외프흐는

\# 이자율은 어떻게 됩니까?
Wie ist der Zinssatz?
브이 이슽 데어 찐쓰잗쯔?

\# 신분증을 보여 주시겠어요?
Können Sie mir Ihren Ausweis zeigen?
쿈느 지 미어 이어흔 아우쓰브아이쓰 짜이근?

\# 은행 계좌를 해지하고 싶습니다.
Ich möchte das Konto löschen/kündigen.
이히 뫼히트 다쓰 콘토 뢰슌/퀸디근

\# 어떤 계좌 모델이 저한테 맞을까요?

Welches Kontomodell würde mir passen?
브엘히으쓰 콘토모델 브위어드 미어 파쓴?

입출금

\# 지금부터 입금과 출금을 하셔도 됩니다.

Von jetzt an können Sie Geld auf das Konto einzahlen und abheben.
프혼 옐쯭 안 쾬는 지 겔ㅌ 아우프흐 다쓰 콘토 아인짤른 운ㅌ 압헤븐

\# 오늘 얼마를 입금하시겠습니까?

Wie viel möchten Sie einzahlen?
브이 프힐 뫼히튼 지 아인짤른?

\# 계좌에 100유로를 입금해 주세요.

Ich möchte 100 Euro auf das Konto einzahlen.
이히 뫼히트 훈뎔 오이흐오 아우프흐 다쓰 콘토 아인짤른

\# 제 계좌에서 200유로 찾고 싶습니다.

Ich möchte 200 Euro vom Konto abheben.
이히 뫼히트 쯔브아이훈뎔 오이흐오 프홈 콘토 압헤븐

Kapitel 4.

419

100유로는 수표로 주시고 나머지는 현금으로 주세요.
100 Euro als Scheck und den Rest (in) bar.
훈뎉 오이흐오 알쓰 슈엨 운ㅌ 덴 흐에슽 (인) 바

비밀번호를 눌러주세요.
Geben Sie Ihre Geheimzahl ein.
게븐 지 이어흐 그하임짤 아인

적금이 만기 되었어요.
Das Sparkonto ist abgelaufen.
다쓰 슈파콘토 이슽 압그라우프흔

적금을 깨고 싶어요.
Ich möchte das Sparkonto kündigen.
이히 뫼히트 다쓰 슈파콘토 퀸디근

송금

이 계좌로 송금해 주세요.
Ich möchte auf dieses Konto überweisen.
이히 뫼히트 아우프흐 디즈쓰 콘토 위버브아이즌

국내 송금인가요 해외 송금인가요?

Möchten Sie innerhalb Deutschlands oder ins Ausland überweisen?
뫼히튼 지 인너할프 도이츄란트츠 오더 인쓰 아우쓰란트 위버브아이즌?

한국으로 송금하고 싶습니다.

Ich möchte nach Korea überweisen.
이히 뫼히트 나흐 코흐에아 위버브아이즌

은행 이체 수수료가 있나요?

Gibt es Rabatte für die Überweisung?
깁트 에쓰 흐아바트 프휘어 디 위버브아이중?

송금할 땐 반드시 수취인 이름을 확인하세요.

Überprüfen Sie vor der Überweisung den Namen des Empfängers.
위버프흐위프흔 지 프호어 데어 위버브아이중 덴 나믄 데쓰 엠프행어쓰

비밀번호를 잘못 입력했어요.

Ich habe meine Geheimzahl falsch eingegeben.
이히 하브 마이느 그하임짤 프할슈 아인그게븐

Kapitel 4.

내일 일찍 송금해드릴게요.

Ich überweise Ihnen das Geld morgen früh.
이히 위버브아이즈 이는 다쓰 겔트 모어근 프흐위

현금 자동 인출기 사용

현금 자동 인출기는 어디에 있나요?

Wo ist der Bankautomat/Geldautomat?
브오 이슽 데어 방ㅋ아우토맡/겔트아우토맡?

현금인출기에서 제 카드가 안 빠져요.

Der Bankautomat hat meine Karte geschluckt.
데어 방ㅋ아우토맡 핱 마이느 카트 그슐룩킅

현금인출기는 몇 시까지 사용 가능한가요?

Bis wie viel Uhr kann man den Geldautomaten benutzen?
비쓰 브이 프힐 우어 칸 만 덴 겔트아우토마튼 브눝쯘?

여기에 카드를 넣어 주세요.

Stecken Sie Ihre Karte hier ein.
슈텍큰 지 이어흐 카트 히어 아인

Tun Sie Ihre Karte hier hinein.
툰 지 이어흐 카트 히어 힌아인

계좌 잔고가 부족합니다.

Ihr Kontostand reicht nicht aus.
이어 콘토슈탄ㅌ 흐아이힡 니힡 아우쓰

돈을 어떻게 입금하나요?

Wie zahle ich Geld ein?
브이 짤르 이히 겔ㅌ 아인?

Wie zahlt man das Geld ein?
브이 짤ㅌ 만 다쓰 겔ㅌ 아인?

이 현금인출기는 고장난 것 같아요.

Ich glaube, der Bankautomat/Geldautomat ist kaputt.
이히 글라우브, 데어 방ㅋ아우토맡/겔ㅌ아우토맡 이슽 카풑

Kapitel 4.

신용카드

#신용카드를 신청하고 싶은데요.
Ich möchte eine Kreditkarte beantragen.
이히 뫼히트 아이느 크흐에딭카트 브안트흐아근

#카드가 언제 발급되나요?
Wann bekomme ich die Karte?
브안 브콤므 이히 디 카트?

#사용 한도액이 어떻게 되나요?
Wie hoch ist mein Dispokredit?
브이 호흐 이슽 마인 디스포크흐에딭?

#유효 기간은 언제인가요?
Wie lange ist die Karte gültig?
브이 랑으 이슽 디 카트 귈티히?

#신용카드 거래 약관이 어떻게 되나요?
Wie lauten die Geschäftsbedingungen für die Kreditkarte?
브이 라우튼 디 그슈애픝츠브딩웅은 프휘어 디 크흐에딭카트?

신용카드를 도난당했어요. 해지해 주세요.

Meine Kreditkarte wurde gestohlen. Ich möchte meine Karte sperren (lassen).
마이느 크흐에딭카트 브우어드 그슈톨른. 이히 뫼히트 마이느 카트 슈페어흔 (라쓴)

카드 한도액을 늘리고 싶어요.

Ich möchte das Dispo/den Dispokredit meiner Karte erhöhen.
이히 뫼히트 다쓰 디스포/덴 디스포크흐에딭 마이너 카트 에어회흔

환전

환전할 수 있나요?

Kann man hier Geld wechseln?
칸 만 히어 겔ㅌ 브에흐즐ㄴ?

원화를 유로로 환전하고 싶습니다.

Ich möchte koreanische Won gegen Euro wechseln.
이히 뫼히트 코흐에아니슈 원 게근 오이흐오 브에흐즐ㄴ

\# 여행자 수표를
유로로 환전하고
싶은데요.

Ich möchte meinen Reisescheck gegen Euro wechseln.
이히 뫼히트 마이는 흐아이즈슈엑 게근 오이흐오 브에흐즐ㄴ

\# 환전소가
어디 있죠?

Wo ist die Wechselstube?
브오 이슽 디 브에흐즐슈투브?

\# 길 건너편에
환전소가 있습니다.

Gegenüber dieser Straße ist eine Wechselstube.
게근위버 디저 슈트흐아쓰 이슽 아이느 브에흐즐슈투브

\# 은행에서
환전하는 게
더 안전해요.

Es ist sicherer sein Geld auf einer/in einer Bank zu wechseln.
에쓰 이슽 지히어허 자인 겔ㅌ 아우프흐 아이너/인 아이너 방ㅋ 쭈 브에흐즐ㄴ

\# 환전 수수료는
얼마인가요?

Wie hoch sind die Gebühren für das Wechseln?
브이 호흐 진ㅌ 디 그뷔어흔 프휘어 다쓰 브에흐즐ㄴ?

426

#전액 10유로 지폐로 주세요.

Geben Sie mir das Geld in <u>Zehnern/ Zehner-Geldscheinen</u>.
게븐 지 미어 다쓰 겔ㅌ 인 체넌/
체너-겔ㅌ슈아이는

환율

#오늘 환율이 어떻게 됩니까?

Wie ist der Wechselkurs heute?
브이 이슽 데어 브에흐즐쿠어쓰 호이트?

#원화를 유로로 바꾸는 환율이 어떻게 되나요?

Wie ist der Wechselkurs von Won und/gegen Euro?
브이 이슽 데어 브에흐즐쿠어쓰 프혼 원 운ㅌ/
게근 오이흐오?

#오늘 환율은 1유로에 1,305원입니다.

Heute ist der Wechselkurs 1.305 KRW für einen Euro.
호이트 이슽 데어 브에흐즐쿠어쓰
타우즌ㅌ드흐아이훈덭프휜프흐 코흐에아니슈
원 프휘어 아이는 오이흐오

Kapitel 4.

\# 환율은 벽에 게시되어 있습니다.
Der Wechselkurs steht hier auf der Tafel.
데어 브에흐즐쿠어쓰 슈텔 히어 아우프흐 데어 타프흘

\# 환율 변동이 심해요.
Der Wechselkurs schwankt sehr.
데어 브에흐즐쿠어쓰 슈브앙클 제어

\# 어제보다 환율이 더 떨어졌어요.
Der Wechselkurs ist seit gestern wieder gesunken.
데어 브에흐즐쿠어쓰 이슽 자일 게스턴 브이더 그중큰

\# 환전하기 전에 환율을 미리 확인할 필요가 있죠.
Man sollte vor dem Geldwechseln den Wechselkurs überprüfen.
만 졸트 프호어 뎀 겔트브에흐즐ㄴ 덴 브에흐즐쿠어쓰 위버프흐위프흔

은행 기타

\# 수표를 현금으로 바꾸고 싶어요.
Ich möchte den Scheck in bar ausgezahlt bekommen.
이히 뫼히테 덴 슈엑 인 바 아우쓰그짤트 브콤믄

인터넷 뱅킹을 신청하고 싶어요.

Ich möchte (das) Online-Banking beantragen.
이히 뫼히트 (다쓰) 온라인-뱅킹 브안트흐아근

인터넷 뱅킹 비밀번호를 잊어버렸어요.

Ich habe das Passwort für das Online-Banking vergessen.
이히 하브 다쓰 파쓰브오얼 프휘어 다쓰 온라인-뱅킹 프헤어게쓴

인터넷 뱅킹을 사용할 경우 수수료가 있나요?

Kostet das Online-Banking was?
코스틑 다쓰 온라인-뱅킹 브아쓰?

저는 온라인으로 계좌를 관리해요.

Ich verwalte meine Konten online.
이히 프헤어브알트 마이느 콘튼 온라인

은행 대출을 받으려고 해요.

Ich möchte bei der Bank einen Kredit aufnehmen.
이히 뫼히트 바이 데어 방ㅋ 아이는 크흐에딭 아우프흐네믄

\# 대출을 받으려면 어떤 자격이 필요한가요?

Welche Qualifikation muss man haben, um bei der Bank einen Kredit aufnehmen zu können?
브엘히으 크브알리프히카찌온 무쓰 만 하븐, 움 바이 데어 방ㅋ 아이느 크흐에딭 아우프흐네믄 쭈 쾬는?

\# 대출 금리가 얼마인가요?

Wie hoch ist der Darlehenszins?
브이 호흐 이슽 데어 다레흔쓰찐쓰?

편지 발송

\# 편지를 보내고 싶은데요.

Ich möchte einen Brief versenden/verschicken.
이히 뫼히트 아이느 브흐이프흐 프헤어젠든/ 프헤어슈읶큰

\# 빠른 우편으로 보내면 얼마가 들까요?

Wie viel kostet ein Express-Brief?
브이 프힐 코스틑 아인 엒쓰프흐에쓰-브흐이프흐?

\# 이 편지를 국제 우편으로 보내고 싶어요.

Ich möchte diesen Brief international versenden.
이히 뫼히트 디즌 브흐이프흐 인터나찌오날 프헤어젠든

한국까지 도착하는 데 시간이 얼마나 걸리나요?
Wie lange dauert es, bis die Post in Korea ankommt?
브이 랑으 다우얼 에쓰, 비쓰 디 포슽 인 코흐에아 안콤트?

이건 등기 우편으로 보낼게요.
Das versende/verschicke ich als Einschreiben.
다쓰 프헤어젠드/프헤어슈읶크 이히 알쓰 아인슈흐아이븐

연휴에는 시간이 더 걸릴 수도 있어요.
Zwischen den Feiertagen kann es länger dauern.
쯔브이슌 덴 프하이어타근 칸 에쓰 랭어 다우언

크리스마스 때는 많은 편지를 잃어버리기도 해요.
An Weihnachten gehen viele Briefe verloren.
안 브아이나흐튼 게흔 프힐르 브흐이프흐 프헤어로어흔

소포 발송

이 소포를 프랑크푸르트로 보내고 싶어요.
Ich möchte das Paket nach Frankfurt senden.
이히 뫼히트 다쓰 파켙 나흐 프흐앙ㅋ프후엍 젠든

소포는 무게에 따라 비용이 정해집니다.
Die Kosten werden nach (dem) Gewicht berechnet.
디 코스튼 브에어든 나흐 (뎀) 그브이힡 브흐에히늩

Kapitel 4.

#소포의 내용물은 무엇인가요?

Was ist im Paket?
브아쓰 이슽 임 파켙?

Was beinhaltet das Paket?
브아쓰 브인할틑 다쓰 파켙?

#깨지기 쉬운 물건이 들어 있어요.

In dem Paket befindet sich (leicht) Zerbrechliches.
인 뎀 파켙 브프힌듵 지히 (라이힡) 쩨어브흐에힐리히으쓰

Vorsicht Glas.
프호어지힡 글라쓰

Fragil.
프흐아길

#이 소포를 선박 우편으로 보내시겠어요 항공 우편으로 보내시겠어요?

Wollen Sie das Paket per Flugzeug oder Schiff versenden?
브올른 지 다쓰 파켙 페어 프흘룩쪼읶 오더 슈이프흐 프헤어젠든?

#항공 우편이 빠르긴 하지만 더 비싸요.

Mit dem Flugzeug ist es schneller, kostet aber auch mehr.
밑 뎀 프흘룩쪼읶 이슽 에쓰 슈넬러, 코스틑 아버 아우흐 메어

착불로 보내 주세요.

Schicken Sie es mir per Nachnahme.
슈익큰 지 에쓰 미어 페어 나흐나므

Schicken Sie es als Nachnahme-Sendung.
슈익큰 지 에쓰 알쓰 나흐나므-젠둥

Schritt 7 미용실

미용실 상담

#헤어스타일을 새롭게 바꾸고 싶어요.

Ich möchte eine neue Frisur.
이히 뫼히트 아이느 노이으 프흐이주어

Ich möchte einen neuen Haarschnitt.
이히 뫼히트 아이느 노이은 하슈닡

#나 미용실 가려고.

Ich will zum Friseur.
이히 브일 쭘 프흐이죄어

#어떤 스타일을 원하세요?

Was für eine Frisur möchten Sie?
브아쓰 프휘어 아이느 프흐이주어 뫼히튼 지?

Welchen Haarschnitt möchten Sie?
브엘히은 하슈닡 뫼히튼 지?

#헤어스타일 책을 보여 드릴까요?

Möchten Sie mal in das Frisurenbuch schauen?
뫼히튼 지 말 인 다쓰 프흐이주어흔부흐 슈아우은?

\# 이 사진 속의
모델처럼 하고
싶어요.

Ich hätte gerne diese Frisur, wie auf diesem Foto.
이히 헷트 게어느 디즈 프흐이주어, 브이 아우프흐 디즘 프호토

\# 어떤 스타일이
제게 어울릴까요?

Welche Frisur würde zu mir passen?
브엘히으 프흐이주어 브위어드 쭈 미어 파쓴?

Welche Frisur würde mir stehen?
브엘히으 프흐이주어 브위어드 미어 슈테흔?

\# 요즘 유행하는
스타일로
해 주세요.

Ich hätte gerne so eine Frisur, wie man sie zurzeit trägt.
이히 헷트 게어느 조 아이느 프흐이주어, 브이 만 지 쭈어짤 트흐애글

커트

\# 머리를 자르고
싶어요.

Ich möchte mir die Haare schneiden lassen.
이히 뫼히트 미어 디 하흐 슈나이든 라쓴

Kapitel 4.

435

#어떻게 잘라 드릴까요?
Wie möchten Sie sie geschnitten bekommen?
브이 뫼히튼 지 지 그슈닡튼 브콤믄?

#어깨에 닿을 정도 길이로 해 주세요.
Auf Schulterlänge bitte.
아우프흐 슐터랭으 비트
Schulterlang bitte.
슐터랑 비트

#아주 짧게 잘라 주세요.
Ganz kurz bitte.
간쯔 쿠어쯔 비트

#머리 끝 약간만 다듬어 주세요.
Nur Spitzen schneiden.
누어 슈핕쫀 슈나이든
Ich will nur die Spitzen geschnitten haben/ bekommen.
이히 브일 누어 디 슈핕쫀 그슈닡튼 하븐/ 브콤믄

#이 정도 길이로 해 주세요.
Ungefähr auf die Höhe bitte.
운그프해어 아우프흐 디 회흐 비트
Ungefähr so lang bitte.
운그프해어 조 랑 비트

너무 짧게 자르지 마세요.

Bitte nicht zu kurz schneiden.
비트 니힡 쭈 쿠어쯔 슈나이든

스포츠형으로 짧게 잘라 주세요.

Einen Bürstenschnitt bitte.
아이는 뷔어스튼슈닡 비트

Ich hätte gerne einen Bürstenschnitt.
이히 햍트 게어느 아이는 뷔어스튼슈닡

단발머리를 하고 싶어요.

Ich hätte gerne eine Bubikopf-Frisur.
이히 햍트 게어느 아이느 부비콮흐-프흐이주어

앞머리를 내고 싶어요.

Ich möchte einen Pony.
이히 뫼히트 아이는 포니

앞머리는 그대로 두세요.

Nicht den Pony schneiden bitte.
니힡 덴 포니 슈나이든 비트

머리 숱을 좀 쳐 주세요.

Die Haare bitte etwas ausdünnen.
디 하흐 비트 엩브아쓰 아우쓰된는

#숱을 조금 더 쳐 주세요.
Bitte dünnen Sie die Haare noch etwas aus.
비트 뒨는 지 디 하흐 노흐 엩브아스 아우쓰

#머리에 층을 내 주세요.
Die Haare bitte stufig schneiden.
디 하흐 비트 슈투프히히 슈나이든

Einen Stufenschnitt bitte.
아이는 슈투프흔슈닡 비트

펌

#펌을 하고 싶어요.
Ich möchte mir eine Dauerwelle machen lassen.
이히 뫼히트 미어 아이느 다우어브엘르 마흔 라쓴

#어떤 펌을 원하세요?
Was für Locken möchten Sie?
브아쓰 프휘어 록큰 뫼히튼 지?

스트레이트 펌으로 머리를 펴려고요.

Ich möchte meine Haare glätten lassen.
이히 뫼히트 마이느 하흐 글랲튼 라쓴

Ich möchte die Haare bitte geglättet bekommen.
이히 뫼히트 디 하흐 비트 그글래틑 브콤믄

아래에 굵은 웨이브를 넣고 싶어요.

Unten sollen die Haare große Locken haben.
운튼 졸른 디 하흐 그흐오쓰 록큰 하븐

자연스러운 웨이브를 하고 싶어요.

Ich hätte gerne eine Naturwelle.
이히 핼트 게어느 아이느 나투어브엘르

짧은 머리에 어울리는 펌은 뭔가요?

Welche Locken passen zu kurzen Haaren?
브엘히으 록큰 파쓴 쭈 쿠어쯘 하흔?

너무 곱슬거리지 않게 말아 주세요.

Es wäre schön, wenn es nicht zu lockig wird.
에쓰 브애어흐 슈왼, 브엔 에쓰 니힡 쭈 록키히 브이엍

펌이 예쁘네.

Du hast schöne Locken.
두 하슽 슈외느 록큰

Deine Locken sind schön.
다이느 록큰 진트 슈왼

Kapitel 4.

439

염색

#머리를 염색해 주세요.
Ich möchte meine Haare färben.
이히 뫼히트 마이느 하흐 프해어븐

#어떤 색으로 하시겠어요?
Welche Farbe möchten Sie?
브엘히으 프하브 뫼히튼 지?

#가을에 어울리는 색이 뭔가요?
Welche Farbe passt gut zum Herbst?
브엘히으 프하브 파쓷 굳 쭘 헤엎슽?

#금발로 하고 싶어요.
Ich möchte blonde Haare.
이히 뫼히트 블론드 하흐

#검은 색으로 염색하면 더 젊어 보일 거예요.
Schwarze Haare würden Sie etwas jünger aussehen lassen.
슈브아쯔 하흐 브위어든 지 엩브아쓰 유윙어 아우쓰제흔 라쓴

#와인색이 제게 어울릴까요?	**Würde mir (die Farbe) Burgund gut stehen?** 뷔어드 미어 (디 프하브) 버군트 굳 슈테흔?
#염색한 후 그 색이 오래 가나요?	**Wie lange hält die Färbung?** 브이 랑으 핼트 디 프해어붕?
#염색하면 머리결이 상하나요?	**Schadet die Färbung meinen Haaren?** 슈아들 디 프해어붕 마이는 하흔?
#탈색하는 건 싫어요.	**Ich mag meine Haare nicht bleichen.** 이히 막 마이느 하흐 니힡 블라이히은

네일

#손톱 손질을 받고 싶어요.	**Ich hätte gerne eine Maniküre.** 이히 핼트 게어느 아이느 마니퀴어흐

손톱에 매니큐어를 지우고 다른 색으로 발라 주세요.

Entfernen Sie bitte den alten Nagellack und lackieren Sie sie mir neu.
엔트프헤어흔 지 비트 덴 알튼 나글락 운트 락키어흔 지 지 미어 노이

어떤 색 매니큐어를 발라 드릴까요?

Welche Farbe wollen Sie?
브엘히으 프하브 브올른 지?

Was für einen Nagellack wollen Sie?
브아쓰 프휘어 아이는 나글락 브올른 지?

이 색은 마음에 안 들어요.

Mir gefällt diese Farbe.
미어 그프핼트 디즈 프하브

광택이 있는 보라색 매니큐어를 발라 주세요.

Ich hätte gerne dieses glossy/glänzende Lila.
이히 햍트 게어느 디즈쓰 글로씨/글랜쯘드 릴라

저는 손톱이 잘 갈라져요.

Meine Nägel reißen schnell.
마이느 내글 흐아이쓴 슈넬

\# 저는 손톱이 잘 부러지는 편이에요.
Meine Nägel brechen leicht.
마이느 내글 브흐에히은 라이힡

\# 발톱 손질도 해 드릴까요?
Wollen Sie auch eine Pediküre?
브올른 지 아우흐 아이느 페디퀴어흐?

미용실 기타

\# 저는 머리숱이 무척 많아요.
Ich habe volles Haar.
이히 하브 프홀르쓰 하
Ich habe viele Haare.
이히 하브 프힐르 하흐

\# 저는 가르마를 왼쪽으로 타요.
Ich trage meinen Scheitel links.
이히 트흐아그 마이느 슈아이틀 링크쓰
Ich trage einen Linksscheitel.
이히 트흐아그 아이느 링쓰슈아이틀

평소에는 머리를 묶고 다니는 편이에요.

Meistens trage ich einen Zopf.
마이스튼쓰 트흐아그 이히 아이는 쫖흐

Meistens habe ich meine Haare zusammen gebunden.
마이스튼쓰 하브 이히 마이느 하흐 쭈잠믄 그분든

그냥 드라이만 해 주세요.

Ich möchte nur die Haare geföhnt bekommen.
이히 뫼히트 누어 디 하흐 그프횐트 브콤믄

지난번에 미용실 예약했어요.

Ich habe letztens einen Friseurtermin gemacht.
이히 하브 렡쯔튼쓰 아이는 프흐이죄어테어민 그마흩

머릿결이 많이 상했네요.

Die Haare sind sehr kaputt.
디 하흐 진트 제어 카풑

Schritt 8 영화관 & 공연장
MP3. K04_S08

영화관

내일 함께 영화관에 갈래요?

Haben Sie Lust morgen ins Kino mitzukommen?
하븐 지 루슽 모어근 인쓰 키노 밑쭈콤믄?

좋은 좌석을 맡기 위해 예매를 하려고요.

Ich reserviere schon mal, damit wir gute Plätze bekommen.
이히 흐에저브이어흐 슈온 말, 다밑 브이어 구트 플랱쯔 브콤믄

영화관 앞에서 6시 반에 만나요.

Lass uns um sechs Uhr vor dem Kino treffen.
라쓰 운쓰 움 제흐쓰 우어 프호어 뎀 키노 트흐에프흔

CGV는 스크린이 커서 영화를 감상하기 좋아요.

CGV haben große Leinwände. Deshalb kann man dort sehr gut Filme schauen/genießen.
씨쥐브이 하븐 그흐오쓰 라인브앤드. 데쓰할ㅍ 칸 만 도엍 제어 굳 프힐므 슈아운/그니쓴

Kapitel 4.

445

\#그 영화관은
예술 영화를
주로 상영해요.

**Das ist ein Arthousekino/
Filmkunstkino.**
다쓰 이슽 아인 앝하우쓰키노/프힐ㅁ쿤슽키노

\#제가 너무 늦게
도착해서 자리가
없었어요.

**Ich habe keinen Platz mehr
bekommen, weil ich zu spät
gekommen bin.**
이히 하브 카이는 플랕쯔 메어 브콤믄, 브아일
이히 쭈 슈퍁 그콤믄 빈

\#어느 영화관으로
갈 거야?

In welches Kino gehst du?
인 브엘히으쓰 키노 게슽 두?

영화표

\#아직 그 영화표
구입이 가능한가요?

**Kann man noch Karten für
den Film kaufen?**
칸 만 노흐 카튼 프휘어 덴 프힐ㅁ 카우프흔?

**Gibt es noch Tickets für
den Film?**
깊ㅌ 에쓰 노흐 티켙츠 프휘어 덴 프힐ㅁ?

#그는 영화표를 사려고 줄을 서서 기다렸어요.

Er steht Schlange, um sich eine Kinokarte zu kaufen.
에어 슈텔 슐랑으, 움 지히 아이느 키노카트 쭈 카우프흔

Er steht in der Schlange, um sich eine Karte für den Film zu kaufen.
에어 슈텔 인 데어 슐랑으, 움 지히 아이느 카트 프휘어 덴 프힐ㅁ 쭈 카우프흔

#7시 영화표 두 장 주세요.

Zwei Karten für den Film um sieben bitte.
쯔브아이 카튼 프휘어 덴 프힐ㅁ 움 지븐 비트

#좌석을 선택하시겠어요?

Wo möchten Sie sitzen?
브오 뫼히튼 지 짙쯘?

#맨 뒤 가운데로 주세요.

In der Mitte, ganz hinten bitte.
인 데어 밑트, 간쯔 힌튼 비트

#죄송하지만, 매진입니다.

Tut mir leid, aber der Film ist leider ausverkauft.
툩 미어 라읻, 아버 데어 프힐ㅁ 이슽 라이더 아우쓰프헤어카우픝

Kapitel 4.

영화관 에티켓

#영화가 시작하기 전에 휴대폰을 꺼 주세요.
Bitte schalten Sie das Handy vor Filmanfang aus.
비트 슈알튼 지 다쓰 핸디 프호어 프힐ㅁ안프항 아우쓰

#팝콘을 먹을 때 너무 소리내지 마세요.
Bitte seien Sie leise, beim Popcorn essen.
비트 자이은 지 라이즈, 바임 폽코언 에쓴

#상영 중 전화 통화하는 사람들은 이해할 수 없어.
Ich kann Leute nicht verstehen, die im Kino telefonieren.
이히 칸 로이트 니힡 프헤어슈테흔, 디 임 키노 텔레프호니어흔

#상영 중 촬영을 금합니다.
Das Mitschneiden/ Aufnehmen während der Filmvorführung ist verboten.
다쓰 밑슈나이든/아우프호네믄 브애어흔ㅌ 데어 프힐ㅁ프호어프휘어흐웅 이슫 프헤어보튼

#옆 사람한테 조용히 해 달라고 말 좀 해.

Bitte teilen Sie Ihren Sitznachbarn mit, dass Sie ein bisschen leiser sein sollen.
비트 타일른 지 이어흔 짙쯔나흐반 밑, 다쓰 지 아인 비쓰히은 라이저 자인 졸른

#앞 사람 때문에 화면이 잘 안 보여요.

Ich kann nichts sehen, weil der Typ vor mir so groß ist.
이히 칸 니힡츠 제흔, 브아일 데어 튚 프호어 미어 조 그흐오쓰 이슽

콘서트

#4월에 쿤스트할레에서 크로가 콘서트를 한대.

Im April spielt Cro in der Kunsthalle.
임 아프흐일 슈필ㅌ 크흐오 인 데어 쿤슽할르

#콘서트 좋아해?

Gehst du gerne auf Konzerte?
게슽 두 게어느 아우프흐 콘쩨어트?

Kapitel 4.

\# 저는 큰 콘서트보다 소규모 공연을 더 좋아해요.

Ich gehe lieber auf kleine Konzerte als auf große Konzerte.
이히 게흐 리버 아우프흐 클라이느 콘쩨어트 알쓰 아우프흐 그흐오쓰 콘쩨어트

\# 콘서트장 입구에 벌써 길게 줄 섰네요.

Vor dem Veranstaltungsort ist schon eine lange Schlange.
프호어 뎀 프헤어안슈탈퉁쓰오얼 이슽 슈온 아이느 랑으 슐랑으

\# 그 뮤직 페스티벌은 야외에서 열릴 예정이에요.

Das ist ein Open-Air-Festival.
다쓰 이슽 아인 오픈-에어-프헤스티브알

\# 무대 가까이 가서 보자!

Lass uns näher zur Bühne gehen!
라쓰 운쓰 내허 쭈어 뷔느 게흔!

#숲 무대에서 펼쳐지는 베를린 필하모닉 공연은 정말 환상적이에요.

Das Konzert der Berliner Philharmoniker auf der Waldbühne war fantastisch.
다쓰 콘쩨엍 데어 베어리너 프힐하모니커 아우프흐 데어 브알트뷔느 브아 프한타스티슈

기타 공연

#토요일에 오케스트라 공연이 있어요.

Am Samstag findet eine Orchester-Aufführung statt.
암 잠스탁 프힌들 아이느 오케스터- 아우프흐프휘어흐웅 슈탙

#저희 아이들이 다음 주 금요일에 학교에서 연극 공연을 해요.

Meine Kinder führen nächsten Freitag ein Theater in der Schule auf.
마이느 킨터 프휘어흔 내흐스튼 프흐아이탁 아인 테아터 인 데어 슐르 아우프흐

#공연 전에 암표상이 높은 가격으로 표를 팔려고 하고 있어요.
Vor dem Konzert versuchen viele Schwarzmarkthändler Karten zu hohen Preisen zu verkaufen.
프호어 뎀 콘쩨얼 프헤어주흔 프힐르 슈브아쯔마클핸들러 카튼 쭈 호흔 프흐아이즌 쭈 프헤어카우프흔

#그 연극은 지금 국립 극장에서 공연 중이에요.
Das Stück wird im Nationaltheater aufgeführt.
다쓰 슈튁 브이얼 임 나찌오날테아터 아우프흐그프휘얼

#이 극장에서 자선 공연이 있을 거예요.
In diesem Theater findet eine Benefizveranstaltung/ Benefizgala statt.
인 디즘 테아터 프힌들 아이느 베네프히쯔프헤어안슈탈퉁/베네프히즈갈라 슈탙

#공연이 20분 후에 시작해요.
Die Aufführung fängt in 20 Minuten an.
디 아우프흐프휘어흐웅 프행트 인 쯔브안찌히 미누튼 안

랭귀지북스의 레전드 시리즈 – 외국어 학습자를 위한 필독서!

지은이 주가연·응웬 티 번 아잉·김승민 / 392쪽 /
값 19,000원 (MP3 CD 포함)

지은이 김승민·응웬 티 번 아잉 / 396쪽 /
값 16,000원 (MP3 CD 포함)

지은이 강라나 / 384쪽 /
값 19,000원 (MP3 CD 포함)

지은이 강라나 / 448쪽 /
값 16,000원 (MP3 CD 포함)

지은이 천나래 / 400쪽 /
값 16,000원 (MP3 CD 포함)

지은이 황우중·김상우 / 416쪽 /
값 16,000원 (MP3 CD 포함)

랭귀지북스의 레전드 시리즈 - 외국어 학습자를 위한 필독서!

지은이 더 콜링 / 448쪽 / 값 17,000원 (MP3 CD 포함)

지은이 더 콜링 / 480쪽 / 값 16,000원 (MP3 CD 포함)

지은이 더 콜링 / 382쪽 / 값 17,000원 (MP3 CD 포함)

지은이 더 콜링 / 448쪽 / 값 16,000원 (MP3 CD 포함)

랭귀지북스의 레전드 시리즈 – 외국어 학습자를 위한 필독서!

지은이 홍연기·이종은 / 392쪽 / 값 19,000원 (MP3 CD 포함)

지은이 홍연기 / 400쪽 / 값 16,000원 (MP3 CD 포함)

지은이 문지영 / 416쪽 / 값 19,000원 (MP3 CD 포함)

지은이 문지영 / 432쪽 / 값 16,000원 (MP3 CD 포함)

랭귀지북스의 **레전드** 시리즈 – 외국어 학습자를 위한 필독서!

지은이 더 콜링 / **428쪽** / **값** 17,000원 (MP3 CD 포함)

지은이 더 콜링 / **416쪽** / **값** 15,000원 (MP3 CD 포함)

지은이 김보형 / **400쪽** / **값** 19,000원 (MP3 CD 포함)

지은이 김보형 / **416쪽** / **값** 16,000원 (MP3 CD 포함)